刘云 著

日本国立大学招生考试制度发展研究

河北出版传媒集团
河北教育出版社

图书在版编目（CIP）数据

日本国立大学招生考试制度发展研究 / 刘云著 . ——
石家庄 : 河北教育出版社 , 2022.4
ISBN 978-7-5545-7006-7

Ⅰ . ①ヨ… Ⅱ . ①刘… Ⅲ . ①高等学校－招生－考试
制度－研究－日本 Ⅳ . ① G649.313.2

中国版本图书馆 CIP 数据核字 (2022) 第 061062 号

书　　名　日本国立大学招生考试制度发展研究
　　　　　RIBEN GUOLI DAXUE ZHAOSHENG KAOSHI ZHIDU FAZHAN YANJIU

作　　者　刘　云

责任编辑　张　静
装帧设计　郝　旭
出　　版　河北出版传媒集团
　　　　　河北教育出版社　http://www.hbep.com
　　　　　（石家庄市联盟路705号，050061）
印　　制　石家庄市西里印刷厂
开　　本　787毫米×1092毫米　　　1/16
印　　张　8.5
字　　数　170千字
版　　次　2022年4月第1版
印　　次　2022年4月第1次印刷
书　　号　ISBN 978-7-5545-7006-7
定　　价　36.00元

前　言

　　大学招生考试不仅是选拔人才的重要手段，还是衔接中等、高等教育的重要环节。对大学招生考试制度的研究，不论在人才选拔方面，还是在学校教育方面，都有着非常重要的价值和意义。日本国立大学肩负着保障公民受教育机会公平、代表和引领本国高等教育发展方向的重任。研究其招生考试制度，对我国当前正在推行的大学招生考试制度改革具有十分重要的现实意义。基于此，本书以日本国立大学招生考试制度为研究对象，从历史发展的角度，对其进行总体考察，力求从整体上了解和把握日本国立大学招生考试制度的发展历程，揭示其发展特点。诚如我国学者朱永新教授所言，"日本大学招生考试制度自诞生发展至今，其内容、要求和形式均屡经变革。追溯这种变革，分析其理论根源，不仅有助于全面把握日本大学入学考试，而且有助于预见日本大学招生考试的未来发展趋势"。

　　近年来，我国学术界在日本教育领域的研究取得了很大的进展，涌现出一大批重要的研究成果，但对日本大学招生考试制度的关注和研究却相对不足。大学招生考试制度是一国教育制度的重要组成部分，其改革和发展的过程本身，即是一国教育制度改革和发展的重要体现。

　　本书绪论介绍了日本国立大学招生考试制度的缘起与研究基础。第一章"旧制高等学校的招生考试制度"，尝试结合日本社会、经济及教育发展背景，对20世纪初日本旧制高等学校的招生考试制度的历史及发展过程进行考察。第二章"日本国立大学招生考试制度"，重点对20世纪70年代之前日本国立大学探索建立现代招生考试制度的历程进行分析。第三章"日本国立大学复合型招生考试制度"，重点阐述20世纪70至80年代日本国立大学复合型招生考试制度的形成和确立过程。20世纪60年代末席卷日本大学界的"大学纷争"结束后，日本社会各界开始进一步思考本国教育的改革与发展问题。第四章"日本国立大学复合型招生考试制度的多样化改革"，重点对20世纪90年代以后日本国立大学复合型招生考试制度的多样化、个性化改革和发展进行论述。结论"日本国立大学复合型招生考试制度对我国的启示"，以日本国立大学招生考试制度的改革历程为参照，从加强考试科学研究、提高大学招生考试决策的科学性，设立独立、专业的统一考试机构，强化统一考试的命题及管理，扩大大学招生考试自主权力，促进大学特色化发展，改变单一的学科考试选拔方式，促进其多样化发展，改革招生名额分配制度，增加考试及录取机会，推动开展大学、高中合作活动等方面，提出了一些可供我国大学招生考试制度改革参考和借鉴的经验。

目　录

绪　论

一、研究缘起

大学招生考试制度不但是国家人才选拔制度的重要组成部分，而且是国家教育制度的重要组成部分，对教育的整体发展发挥着不可忽视的导向和调节作用。就考生个体层面来讲，大学招生考试还是学生个人提升自我和实现自身价值的重要途径，影响着每一位考生的未来及切身利益。大学招生考试制度有任何改革，都会对考生产生深刻而复杂的影响。因此，大学招生考试是一个极其重要且不容忽视的社会问题，不仅关系着考生个人素养的提升，更关乎国家的发展。基于此，如何保证并提高大学招生考试的科学性及有效性，实现其对人才合理、公正的评价和选拔，成为摆在各国政府及教育界面前的重大问题。

就我国而言，党和国家历来重视大学招生考试制度的建设，并不断推进大学招生考试制度的改革与发展，以此来促进经济社会发展和教育质量全面提高。特别是21世纪前后，为适应社会经济和教育的快速发展，我国加快了大学招生考试制度改革的步伐，采取了如高考统一命题与分省命题相结合、考试科目"3+X"等措施，大力推动大学招生考试向多样化方向发展。2010年，教育部公布的《国家中长期教育改革和发展规划纲要（2010—2020年）》中，明确提出要"以考试招生制度改革为突破口，克服'一考定终身'的弊端……按照有利于科学选拔人才、促进学生健康发展、维护社会公平的原则……深化考试内容和形式改革，保证国家考试的科学性、导向性和规范性……建立健全有利于促进入学机会公平、有利于优秀人才选拔的多元录取机制"。[1]2013年11月，党的十八届三中全会审议通过《中共中央关于全面深化改革若干重大问题的决定》，提出"推进考试招生制度改革，探索招生和考试相对分离、学生考试多次选择、学校依法自主招生、专业机构组织实施、政府宏观管理、社会参与监督的运行机制，从根本上解决一考定终身的弊端。逐步推行普通高校基于统一高考和高中学业水平考试成绩的综合评价多元录取机制。探索全国统考减少科目、不分文理科、外语等科目社会化考试一年多考"。为贯彻落实中央部署的全面深化改革的纲领性指导意见，2014年9月，国务院公布了《关于深化考试招生制度改革的实施意见》，明确提出"建立中国特色现代教育考试招生制度……形成分类考试、综合评价、多元录取的考试招生模式"[2]。由此，我国开始全面、系统地推进新一轮的大学招生考试制度改革。

新形势下大学招生考试制度改革面临着困境与挑战，我国有必要立足传统和实际、加强自身建设，参考、借鉴他国大学招生考试制度的成功经验、吸取其失败的教训。在同为"考试大国"的中国和日本，大学招生考试制度的建立及其所带来的影响都是非常巨大和深远的。日本和我国一样，历来重视考试。大学招生考试所带来的社会功能，即在个体实现社会地位和自身价值等方面所发挥的作用是异乎寻常的。可以说，在世界各国的大学招生考试制度中，中日两国是最相近的；研究日本的大学招生考试制度，对于中国是具有借鉴作用的。

纵观日本的大学招生考试制度发展史，特别是20世纪40年代以来至今七十余年的改革与发展历程，我们可以发现日本是一个极为重视大学招生考试制度建设与发展的国家，其始终将本国大学招生考试制度改革摆在国家教育事业健康发展的战略高度来看待。对于肩负保障公民受教育机会公平、促进科学研究水平提高、代表和引领本国高等教育向前发展的国立大学的招生考试制度，一直都被日本视为教育制度改革的重点和难点，并在不断改革中向前发展。例如，20世纪40至60年代日本在探索新型大学招生考试制度的

---

[1]教育部.国家中长期教育改革和发展规划纲要（2010—2020年）［N］.人民日报，2010-7-30(1).

[2]国务院.《关于深化考试招生制度改革的实施意见》公布 新一轮考试招生制度改革启动［N］.人民日报，2014-9-5(1).

道路上经历了"升学适应性考试"及"能力开发研究所考试"两次建立统一考试的挫折和失败。1979年开始正式实行的全体国立大学"共同第一次学力考试"也因其存在高中教育应试化、考生负担过重等问题，而在实行了十一年之后被进行了彻底的改革。从1990年开始，日本正式实行全新的"大学入学考试中心"考试，且一直持续至今。在三十多年的发展历程中，这一考试逐渐暴露出"制度性疲劳"的问题，也被进行彻底改革。与此同时，日本也在酝酿和准备实行新的大学招生考试。可以说，日本国立大学招生考试制度的改革与发展并不是一帆风顺的，这一点与我国比较相像。而在解决国立大学招生考试制度中存在的问题并推进其改革和发展的过程中，日本也积累了一些宝贵经验。我国的教育部门可以对这些经验加以甄别，汲取有益的予以参考。

基于此，本书尝试对日本国立大学招生考试制度改革与发展的过程及背景、政策和措施、成效与问题等进行详细考察和全面分析。一是以日本国立大学招生考试制度的发展脉络为主轴，对其改革与发展历程按阶段进行划分，并在挖掘、整理日本国立大学招生考试制度的建立、改革、发展等详细史实的基础上梳理其历史发展过程。二是对日本国立大学招生考试制度各阶段发展历程的背景与动因、内容及措施、特点及影响进行了深入分析。本着"古为今用""洋为中用"的原则，将对日本国立大学招生考试制度发展历程的研究，落实到为我国当前大学招生考试制度改革的现实服务上来。

二、研究基础

本书以日本国立大学招生考试制度为研究对象，尝试全面梳理其发展历程并分析其发展阶段，特别是将20世纪70年代日本国立大学复合型招生考试制度的探索、形成及改革作为重点研究内容。对上述内容的研究离不开已有成果的支撑，因此国内外学者的相关成果将成为本研究的重要基础。

（一）国内学者研究现状及其分析

关于国内学者对日本大学招生考试制度研究现状的资料来源是北京大学陈学飞教授主编的《中国高等教育研究50年（1949—1999）》[1]和"中国学

---

[1]陈学飞.中国高等教育研究50年（1949-1999）[M].北京：北京大学出版社，2000.

术期刊全文数据库"（CNKI）所收录的文献。其中，与本书研究内容相关的研究成果，主要集中在《中国高等教育研究50年（1949—1999）》的"外国高等教育史"和"比较高等教育"两部分。通过对这两部分内容所收录的著作、论文目录进行检索，我们可以了解1999年以前我国学者关于日本大学招生考试制度的研究状况。1999年以后至今的研究成果，则主要通过"中国学术期刊全文数据库"（CNKI）检索得到。从对上述两者进行检索搜集到的文献资料来看，我国学者对日本大学招生考试制度的研究起步于20世纪80年代，2000年以后相关研究成果开始增多。近年来，越来越多的国内学者开始关注日本大学招生考试制度改革，所发表的论文数量也在不断增加。总体来看，国内关于日本大学招生考试制度的研究成果主要集中在以下几个方面。

1. 对20世纪80年代前后日本大学招生考试制度的研究

从"中国学术期刊全文数据库"（CNKI）检索到的国内关于日本大学招生考试制度最早的论文，是杭州大学教育系李克兴教授于1981年发表的《日本高等学校的招生制度》。该论文对1979年以前日本大学招生考试制度存在的诸如"高中应试教育盛行"、"各大学招生考试命题质量不一"和"一年一考模式导致偶然性较大"等问题进行了简要分析，并对1979年开始实行的日本大学招生考试制度改革进行了简要介绍。[1]之后，另一位学者吕可红于1982年发表了《日本近年来高等教育招生制度的改革》一文。该论文对1979年进行的日本大学招生考试制度改革做了较为详细和全面的分析。首先，指出日本大学招生考试制度主要存在"名牌大学报考集中、竞争激烈"、"大学招生考试偏重于单纯的学力考查"和"对中等学校教育产生不良影响"三大问题；其次，对1979年日本大学招生考试制度改革的主要内容和措施，如"加强调查书的作用"、"实行全国统一考试"、"改善大学学力考试"、"整备考试组织机构"和"改进中学备考辅导工作"等内容进行了简要介绍；最后，就改革后日本大学招生考试的具体做法、主要特点、存在问题等进行了全面分析。[2]

20世纪80年代之后还出现了多篇专门考察日本大学招生考试制度问题及弊病等方面的论文。例如，商继宗、密平琪在《从日本高考的弊病论我国

[1]李克兴.日本高等学校的招生制度 [J].人民教育，1981(9): 63.
[2]吕可红.日本近年来高等教育招生制度的改革 [J]:外国教育情况，1982(3): 13—27.

考试制度改革的原则》一文中，列举了日本大学招生考试制度存在的"导致'应试地狱'现象"、"学校教育偏离了培养人的目标"和"单一的考试题型不利于选拔创造性人才"[1]等三大弊病。李全毅的《日本高考制度的主要弊端》则专门考察了日本国立大学"共同第一次考试"的实施情况，并指出该考试存在着"束缚学生个性发展、影响中小学正常教育活动"等主要弊端。[2]李守福的《日本的高考与应试教育》、桂勤的《教育成功的代价——对日本考试地狱的探析》及王义高的《日本的"考试地狱"与"人格完善"——兼谈中国变"应试教育"为"素质教育"的几点考虑》等论文则进一步就日本大学招生考试制度导致的"应试教育""学历主义"等教育病理现象及其对青少年身心发展造成的不良影响进行了相应的分析。

2. 关于日本大学招生考试制度的比较研究

除了上述研究成果，20世纪八九十年代还出版了多部对外国大学招生考试制度进行介绍和研究的著作。其中最具代表性的是，辽宁教育出版社1990年出版的、贾非著的《各国大学入学考试制度比较研究》、海南出版社1992年出版的、吴世淑主编的《国外高等学校招生制度》、航空工业出版社1994年出版的、邱洪昌和林启泗编著的《十国高等学校招生制度》和人民邮电出版社1994年出版的、国家教育委员会考试中心编的《美、日、法人才选拔与考试方法》。上述四部著作均单设了"日本高等学校的招生制度"等章节，将日本大学招生考试制度作为考察内容，从与世界其他国家招生考试制度进行比较研究的角度进行分析。此外，在概述日本教育的发展历史及学校教育体系现状的基础上，还着重对1979年前后日本"大学入学考试中心"的建立与运行、日本国立大学"共同第一次学力考试"的实施、20世纪八九十年代开始的日本大学招生考试改革、"大学入学考试中心"考试及个别大学的自主考试的实施情况等进行了介绍和说明。

此后，国内关于日本大学招生考试制度的研究角度开始有所转变，运用比较教育学的研究方法对日本与我国及其他国家大学招生考试制度进行研究的成果逐渐增多。例如，马世晔的论文——《中日大学考试制度的比较研

[1] 商继宗，密平琪.从日本高考的弊病论我国考试制度改革的原则 [J].上海师范大学学报（哲学社会科学版），1983(5): 125.

[2] 李全毅.日本高考制度的主要弊端 [J].日本问题研究，1986(4): 21–23.

究》，对中国和日本的大学入学考试制度的基本情况分别进行了介绍，提出了"两国大学招生考试制度都受到儒家文化的传统价值观及中庸思想、科举制度等因素的影响；两者的不同点在于日本实行了两次考试制度，录取学生的形式具有一定的自由性"[1]等观点；并在此基础上提出，政府应加强对大学招生考试制度改革的重视，应在综合治理学历社会、加强升学、就业咨询指导及实现选拔、评价多元化等方面相互借鉴的建议。吴计生的论文——《中日高考制度改革之比较》，则对中国和日本两国大学招生考试的科目设置、实施方式、录取制度等内容进行比较，并从"科目灵活多样"、"实施方式更多层次化"和"入学途径多元开放"[2]三个方面提出了日本大学招生考试制度对我国的启示。邢艳芳的《日本、韩国和我国台湾地区高等学校招生考试制度改革之比较》和黄建如的《中、日、韩高校招生制度比较》则从东亚三国共同文化传统的角度对中国、日本、韩国三个国家的大学招生考试制度进行对比分析。其中，《日本、韩国和我国台湾地区高等学校招生考试制度改革之比较》一文，就日本、韩国及我国台湾地区的大学招生考试制度的改革背景、考试组织机构及改革内容进行了分析；《中、日、韩高校招生制度比较》则从考生、高校、政府三者关系的维度，对比分析了中、日、韩三国大学招生考试制度的异同，提出了"中国、日本、韩国三个国家大学招生考试制度的共同点在于都很重视中学阶段的学业成绩及对学生能力的考核；不同点在于中国的大学招生制度高度统一，政府行为较多、大学自主权较少、招生方式单一，而日本则是相对统一的制度，大学具有较多的自主权，招生方式灵活多样"等观点。另外，赵静的《英、美、日三国大学入学考试制度研究及对我国的启示》和孙建三的《日、美大学入学考试制度的比较研究及启示》则专门就日本与英国、美国等发达国家的大学招生考试制度进行了比较分析。特别是后者，着重从日本与美国的大学招生考试的考试类型、组织机构、考试内容及权重、招生考试自主权等方面进行了对比分析，并从"统考与特色考试相结合、考试成绩与多元评价相结合、重视能力考测与教育的关系"等方面提出了具体的建议。

---

[1]马世晔.中日大学考试制度的比较研究［J］.比较教育研究，2000(3): 52.
[2]吴计生.中日高考制度之比较［J］.世界教育信息，2007(11): 79.

3. 对日本大学招生考试制度选拔方式的研究

2000年以后，国内关于日本大学招生考试制度的研究成果明显多于前一阶段，学者开始注重对日本大学招生考试制度的某一侧面或具体问题，如对"高等教育大众化发展与日本大学招生考试制度改革之间的关系"和"日本大学招生考试制度中的推荐入学及AO（Admission Office）招生考试"等具体的招生选拔方式进行研究。例如，蓝欣、王处辉的《日本社会变迁中的高等教育及其入学选拔制度》对日本高等教育及招生考试制度的发展与社会变迁的关系进行了分析，提出了"高等教育及其入学选拔制度改革必须与社会体制和经济社会发展水平相适应，必须科学认识教育资源竞争的客观规律，开发多种形式的教育资源、必须充分发挥整个社会的积极性，必须同高中教育相衔接"[1]等观点。胡国勇在其论文《竞争选拔与质量维持——大众化背景下日本大学入学考试的变革与现状》中指出，在日本高等教育由精英化向大众化发展的过程中，其大学招生考试制度也相应经历了由"注重竞争选拔"到"竞争选拔与维持教育质量并重"[2]的过程，提出了力求实现招生考试制度多样化的发展等重要观点。温芬的《战后日本大学入学考试制度的发展轨迹》从高等教育大众化发展对大学招生考试制度改革影响的角度出发，提出日本大学招生考试制度遵循的是"从精英阶段的分散型到大众化初期的统一化，再到大众化末期的多样化"[3]的发展轨迹。胡永红的《日本高考改革中的高大衔接问题分析》则从高中与大学教育衔接的角度出发，指出"日本大学招生考试制度随着高等教育的大众化发展，实现了从选拔精英的高选拔性向一般选拔性，甚至适应性的转变"[4]，并对日本大学招生考试制度所衍生的高中与大学教育衔接问题进行了分析。

此外，还有不少学者对日本大学招生考试制度的某一具体问题或具体选拔方式展开了研究。例如，崔成学的《日本的AO入学考试》是较早对日本大学招生考试中的AO招生考试方式进行考察的论文。该论文对日本庆应大学、

[1]蓝欣，王处辉.日本社会变迁中的高等教育及其入学选拔制度［J］.高等教育研究，2006(5):100.

[2]胡国勇.竞争选拔与质量维持：大众化背景下日本大学入学考试的变革与现状［J］.复旦教育论坛，2007(1): 68.

[3]温芬.战后日本大学入学考试制度的发展轨迹［J］.中国电力教育，2010(18): 47.

[4]胡永红.日本高考改革中的高大衔接问题分析［J］.中国考试，2015(3): 32.

早稻田大学、同志社大学、筑波大学的AO招生考试实施情况分别进行了介绍，并总结出日本的AO招生考试具有"以多元的能力观及人才观，重视多种能力、特殊才能及适应性的判定，重视考生高中阶段的成绩及表现，成为多方面、综合化评价考生的有效方式"[1]等特点。其后，李昕、董立平的《日本大学AO入学考试：引入与实施》从历史研究的角度入手，对日本AO招生考试的引入经过、实施概况进行了考察，并总结了日本AO招生考试的主要形式及特征。而张雪丽、朱宇则在《二战后日本国、公立大学入学考试制度的沿革、现状与特点》和《论日本私立大学招生考试制度的特征——以早稻田大学为例》两篇论文中，分别梳理了20世纪50年代以后日本国立、公立和私立大学招生考试制度的沿革与特点，这说明作者已经意识到国立、公立和私立高校之间招生考试制度是各具特点的，并开始在日本大学招生考试制度共性的基础上分析不同性质及类型大学招生考试制度的特殊性。

4. 对日本大学招生考试制度多样化发展的研究

2000年以后，国内学者对日本大学招生考试制度多样化发展这一现象的关注逐渐增多，先后发表了多篇论文。张宜年等在其论文《日本大学招生考试制度的多样化》中，对日本大学招生考试的沿革及现状进行了简要回顾和概述，并在此基础上提出，日本大学招生考试制度的多样化发展呈现出"考试机会复数化、选拔方法多样化、评价尺度多元化"[2]等显著特点。张爱的论文——《日本大学多样化入学选拔模式的形成及特征》则对日本多样化招生考试制度产生的背景进行了分析，在此基础上提出了"日本大学入学考试多样化模式的形成是历史的必然；大学、政府、高中、考生、社会等各方参与的运营机制是多样化模式得以运行的内在因素"等观点，并在最后对大学招生考试制度多样化进行了简要评价，提出"多样化入学选拔使得大学不仅可以通过不同的选拔标准选拔出不同类型的考生，而且为考生选择学校提供了平台"等观点[3]。李润华在其论文《统一性和多样化并存的日本大学招生考试制度》中提出了自己的观点。她认为日本现行的大学入学考试中心考试

[1]崔成学.日本的AO入学考试［J］.外国教育研究，2003(2): 6.

[2]张宜年，史亚杰，张德伟.日本大学招生考试制度的多样化［J］.外国教育研究，2002(6): 46.

[3]张爱.日本大学多样化入学选拔模式的形成及特征［J］.清华大学教育研究，2011(1): 119.

与各大学自主考试的结合，不仅实现了考试制度的统一性与多样性，还在此基础上形成了普通考试、AO招生考试、推荐入学等各具特色、富有个性和灵活性的大学招生考试，最后提出"高等教育规模的扩大必导致大学招生考试的多样化发展趋势"的观点。[1]上述论文均对日本大学招生考试制度的多样化发展进行了详细分析，但探讨日本大学招生考试制度多样化发展过程中存在弊端的论文，是鲍威于2003年发表的《多样化背后隐含的危机日本大学招生制度改革的实践与教训》。该论文对日本大学招生考试制度多样化发展过程中所隐含的"大学教学水准与学生学业能力的下滑"[2]的危机进行了分析。

综上所述，国内学者关于日本大学招生考试制度的研究起步于20世纪80年代，2000年以后得到快速发展，而且研究内容逐渐深化、细化。但就日本国立大学招生考试制度改革与发展的历史背景、内容及措施、及其所产生的影响等方面展开研究的论文并不多见。

（二）国外研究现状分析

通过对国外文献进行检索，笔者发现研究日本大学招生考试制度的著作和论文颇多，特别是就日本大学招生考试制度进行历史研究的成果很多。其中，与本书内容相关程度较高的研究成果多集中在以下几方面。

1. 关于日本大学招生考试制度的历史研究

20世纪40年代后半期是日本高等教育发展的一个重要转折期。在美国占领并主导日本民主化改革的历史背景下，日本的高等教育体制以美国高等教育模式为蓝本进行了彻底改革。这一时期最具影响力的大事件是新制大学的成立，以及在新制大学招生考试中引入了"升学适应性考试"。"升学适应性考试"，不同于日本传统的侧重学科知识的考试，而是通过心理测试的形式判定考生智力发展水平的考试。这一时期日本对大学招生考试的研究主要集中在"升学适应性考试"对人才选拔的科学合理性问题上，即通过对考生高中平时学习成绩、高考成绩、大学入学后平时成绩等进行实证研究，探讨该招生考试制度是否具有科学性、合理性。例如，早在1956年，日本相继出

[1] 李润华.统一性和多样化并存的日本大学招生考试制度［J］.比较教育研究，2011(2): 49.
[2] 鲍威.多样化背后隐含的危机日本大学招生制度改革的实践与教训［J］.上海教育，2003(6): 60.

版了以石山修平、小保内虎夫编著的《大学入学考试方法研究》和西崛道雄的《升学适应性考试妥当性研究》为代表的专著。这两部专著以部分考生的"升学适应性考试"成绩、大学自主考试成绩、大学四年间的普通教育及专业教育的学业成绩、大学临近毕业参加的国家公务员考试、普通及专业考试的成绩为基础，针对考生大学学业及未来职业成就的作用与影响展开了实证研究。

1961年，增田幸一等所著的《入学考试制度史研究》是较早的、专门就日本大学招生考试制度进行历史研究的著作。该书内容主要分为大学招生考试制度理论研究、历史研究和实证研究三大部分。其中，"历史研究"部分涵盖了日本战前及战后、中等及高等教育的招生考试制度。然而，受日本侧重于对考试技术进行实证性研究的影响，该书仅对招生考试中的学科考试、调查书、面试、推荐入学等考试技术的利、弊进行了分析，对招生考试制度整体演变和发展的背景、影响等方面的研究却未详细展开。

关正夫在其论文《战前中等、高等教育的构造及入学者选拔》中，除了对战前日本的中等及高等教育的双轨制结构进行了分析，还揭示了战前日本教育结构对招生考试制度发展产生影响的原因。该论文不仅指出战前日本高等教育的发展是以旧制高等学校及帝国大学为中心展开的，并形成了以高等学校—帝国大学为中心、以专门学校—私立大学为"旁系"的等级结构，还指出"处于中心地位的高等学校及帝国大学数量未得到扩充是导致战前日本招生考试竞争不断激化的重要原因"[1]。寺崎昌男在《入学考试制度的历史背景——以战前日本为中心》一文中也提出了类似的观点。他认为，随着1886年《学校令》的颁布，日本形成了以获得优先发展并拥有充分特权的帝国大学为中心和以其他各类学校，如实业、师范、专门学校为边缘的"类型分化"[2]现象。不同类型学校的毕业生在就业、待遇及地位等方面存在着巨大的差异，并由此形成了国民热衷名校的升学意识，这也成了战后日本招生考试制度弊端的原型。

天野郁夫的著作《考试的社会史》，则从"考试之于社会升迁的作用及

[1]关正夫.战前中等、高等教育的构造及入学者选拔［J］.大学论集，1978(6): 147.
[2]寺崎昌男.入学考试制度的历史背景：以战前日本为中心［A］.日本教育学会入学考试制度研究委员会.大学入学考试制度的教育学研究［M］.东京：东京大学出版会，1983: 27.

意义"这一社会学研究视角出发，对近代日本伴随着教育发展而出现的各种考试如入学考试、升级考试、毕业考试、职业资格考试、官吏任用考试、入职考试等的产生及发展过程进行了历史回顾。在其"通往帝国大学之路"一节中，作者对帝国大学预备教育机构——旧制高等学校招生考试制度进行了历史考察，提出了"明治时期日本高等学校考试制度的建立促成了日本社会竞争的制度化"，即日本由封建社会的身份等级差异演变为近代资本主义社会的"业绩主义"和"能力主义"的差异，同时提出了"考试制度的建立作为推动社会改革的有效手段，是历史的进步"[1]等论点。此外，黑羽亮一在其论文《对大学入学者选拔中统一考试作用的历史考察》中，对日本自明治至战后所实施的统一考试的社会作用进行了考察，认为日本对统一考试的探索应以"能力开发研究所考试"为界，分为前后两大阶段：能力开发研究所考试及其之前的统一考试，主要是国家及社会对精英进行有效选拔；能力开发研究所考试之后的国立大学共同第一次考试则主要是为了解决因大学报考人数激增导致的"升学准备教育的过热化"等社会问题。[2]

佐佐木享在其著作《大学入试制度》中，不仅对战前日本高等学校及专门学校的招生考试制度进行了历史考察，还从高中与大学衔接的角度，对高中课程的变化、大学招生考试方法（普通考试、面试、调查书、推荐入学、残障考生入学）等进行了研究，并重点就当时日本正在举办的国立大学共同第一次考试的审议及实施经过、所存在的缺陷及未来改革动向等进行了分析。作者从不同角度对大学招生考试制度进行了考察，提出了"大学招生考试制度的研究不仅要从选拔人才的角度出发，而且要从考试的教育功能"这一角度出发进行研究，应将大学招生考试制度置于包含高中、大学在内的一体化教育体系中进行考察的论点。

2. 关于日本大学招生考试方式的研究

20世纪70年代以后，日本开始正式实施国立大学共同第一次考试，这是日本大学招生考试制度的一次重大改革。对这一考试制度的研究也因此成为当时的热点。例如，日本教育学会出版了《大学入学考试的教育学研究》一书。该书阐述了国立大学共同第一次考试对高中生的升学选择、人生选择

[1]天野郁夫.考试的社会史［M］.东京：东京大学出版会，1983：190.
[2]黑羽亮一.对大学入学者选拔中统一考试作用的历史考察［J］.大学论集，1985(14)：57.

产生的影响，对日本东京都及宫城、山梨、爱知县等地七百余所高中进行了问卷调查及实证研究，得出三个结论：一是日本高中职业科与普通科、应试学校与非应试学校对国立大学共同第一次考试的应对措施存在明显分歧。国立大学共同第一次考试对普通科及应试学校在升学指导、课程计划、课外活动、模拟考试等方面产生的影响，导致高中生对大学的报考选择提前，且明显分化为"国公立大学组"和"私立大学组"。二是对国立大学共同第一次考试评价的单一化，促使大学间的地位差异呈现明确化、扩大化的趋势。三是想通过实行国立大学共同第一次考试促进大学自主考试发展的目标并未实现。基于上述三点，书中最后提出了今后日本国立大学招生考试制度改革应"明确高中教育达成目标及接受大学教育所必须的最低限度能力的要求，开发、设计相应的招生考试方法"[1]等观点。

日本另外一位专门从事大学招生考试制度研究的学者木村拓也在其论文《战后日本大学入学者选拔原理及原则变迁》中，对战后日本大学招生考试政策、原则的确立及其演变过程进行了历史性考察，指出在战后初期美国的影响下，日本确立了重视对考生"过去、现在、未来"能力进行考察的"美国型招生考试三原则"。但这一原则未能适应日本的考试文化传统，而在经历了20世纪60年代末的大学纷争后，以1971年的"四六答申"为标志，转变为"对公平性的重视、对考生能力的真实判定、对中等教育不良影响的排除"等"日本型招生考试三原则"[2]。木村拓也在其另外一篇论文《战后大学入学者选拔制度的变迁及东北大学AO入学考试》中，进一步分析了1985年日本临时教育审议会报告公布以后，日本大学招生考试向"评价方式多样化、评价基准多元化"[3]原则转变的过程，并以日本东北大学AO入学考试为个案，分析了大学招生考试政策的制定及其实施过程。

学者荒井克弘则侧重于以马丁·特罗的高等教育发展阶段理论为基础，从高中与大学衔接的角度揭示了20世纪70年代以后日本国立大学共同第一

---

[1]日本教育学会入学考试制度研究委员会.大学入学考试制度的教育学研究［M］.东京：东京大学出版会，1983：318.

[2]木村拓也.共同第一次考试导入经纬：作为"日本型大学入学者选拔三原则"的归结［C］.东北大学高等教育开发推进中心.高中学习指导要领VS大学入学考试，2012：125-155.

[3]木村拓也，仓元直树.战后大学入学者选拔制度的变迁及东北大学AO入学考试［J］.大学入学考试期刊，2012(16)：83.

次考试及"大学入试中心"考试存在的问题。他在论文《高中与大学的衔接——普及化的课题》中指出，在已经实现了大众化发展阶段的日本，共同第一次考试事实上仍是精英阶段的"能力主义"选拔方式；之后的中心考试虽然"是符合高等教育大众化阶段发展要求的改革"，但在考试性质上仍存在着是"高中教育达成度考试"还是"大学选拔性考试"的定位不明确问题。他在另外一篇论文《战后学习指导纲要的变迁与大学入学考试》中提出，随着高等教育从大众化向普及化阶段的迈进，大学招生考试开始由"大学选拔"向"学生—大学双向选择"[1]转换。作者通过分析日本高中学习指导纲要的变迁，指出在日本高中教育多样化发展的背景下，大学应采取措施积极改变新生学力低的问题。

学者中村高康的论文——《推荐入学制度及"大众选拔"的成立》，则对日本大学招生考试中的推荐入学方式的兴起及发展历程进行了分析，并指出随着高等教育大众化进程的快速发展，大学招生考试制度同时存在着"精英选拔"及"大众选拔"两种方式；同时指出，要从"这两方面对大学招生考试制度进行全面考察"。[2]他在另外一篇论文《大学大众化时代的入学者选拔实证研究：选拔方法多样化的社会学分析》中，对"大众选拔"做了进一步的实证研究。文章通过分析大学、考生及考生应试生活实态三方面的调查数据，指出多样化的选拔方式多存在于部分入学难度较低的"支撑日本高等教育大众化发展"的"大众型大学"。这些大学多通过推荐入学方式招收部分分数较低的高中学生、职业科学生及女性学生等"大众型学生层"。

3. 关于90年代以后日本大学招生考试制度多样化发展的研究

20世纪90年代初期开始实施的大学入试中心考试，标志着日本大学招生考试制度开始向个性化、自由化、多样化的方向发展。而对大学入试中心考试的研究则成为当时的一个热点。

日本《读卖新闻》记者组于1989年出版的《入学考试改革与新考试——入学考试突破的第一步》，对大学入学考试中心考试的前身——国立大学共

---

[1]荒井克弘.战后学习指导纲要的变迁与大学入学考试［J］.大学入学考试论坛，2001(24): 82.

[2]中村高康.大学大众化时代的入学者选拔实证研究：选拔方法多样化的社会学分析［J］.东京大学大学院教育学研究科纪要，1997(37): 77.

同第一次考试进行了批判，认为该考试存在"因分数排序导致大学的等级分化加剧，进而导致日本应试竞争进一步热化"[1]的弊端。

学者鳍崎浩在其论文《大学入学考试——改革的尝试》中，分析了20世纪八九十年代日本大学升学适龄人口变动以及大学升学率的不断攀升对大学招生考试制度的影响。作者着重对1990年以后日本大学招生考试的多样化、自由化改革进行了分析，指出"通过大学招生考试制度的多样化改革，大学应积极树立独自的教育理念及个性化的选拔标准来选拔富有个性的、适合本校的学生，从而推动实现包含就业阶段在内的传统学历观念的转变"[2]，并提出"选拔标准的多样化、大学的个性回归只是改革的第一步，高中方面也应通过改善课程、教学方法等措施，切实培养学生的问题意识及解决问题的能力"[3]等观点。

学者中井浩一则在其论文《大学入学考试的战后史：从应试地狱到全入时代》中，着重分析了1990年以后日本大学发展环境的变化情况，特别是在"少子化"现象严重的背景下，大学因失去"选拔权"而沦落到"被学生选择"的境地。更甚者，部分大学还面临着生存的竞争危机。[4]此外，作者还对1990年以后日本大学招生考试制度的多样化改革，小论文考试、AO招生考试等新型招生方式进行了深入考察，指出"自由化的中心考试导致了大学入学标准及高中教育目标的不明确化，同时造成考试的选拔功能低下，失去了测试考生学习达成程度的目的"；同时提出了部分日本国立大学应"取消后期考试、考试科目回归全科目等做法，正是对个性化、多样化的招生考试制度进行一定程度修正"[5]的观点。

综上所述，国内、外诸多学者从各个方面、角度对日本大学招生考试制度展开了深入细致的研究，且研究成果显著。本书将在这些研究成果的基础上，对日本国立大学招生考试制度的发展历程进行全面考察梳理。一方面从

[1]读卖电视报道部.入学考试改革与新考试：入学考试突破的第一步［M］.东京：东京协同出版社，1989: 27.

[2]鳍崎浩.大学入学考试：改革的尝试［M］.东京：岩波书店，1991: 97.

[2]同上.

[3]中井浩一.大学入学考试的战后史：从应试地狱到全入时代［M］.东京：中央公论新社，2007: 129.

[5]中井浩一.大学入学考试的战后史：从应试地狱到全入时代［M］.东京：中央公论新社，2007: 217.

历史研究的角度对日本国立大学招生考试制度进行全面、系统的考察，不但要对日本国立大学招生考试制度的探索、确立、改革、发展等历史阶段进行全面考察，而且要对每一阶段改革的社会、经济及教育发展状况进行深入分析。一方面从考试的组织、实施机构、形式、内容、招生名额的分配及录取等方面，对20世纪50年代以后日本国立大学招生考试制度发展的总体特点和存在的问题做进一步分析，从专门考试机构的建立、国家统一考试与大学自主考试的结合、选拔方式的多样化、招生名额分批制度改革、高中与大学教育的衔接及合作活动的开展等角度，提出可供我国大学招生考试制度改革参考的相关经验。

旧制高等学校的招生考试制度

第一章

日本近代高等教育经历了近代大学的产生（1868—1885年）、近代高等教育机构的形成与发展（1886—1917年）、近代高等教育制度的确立和完善（1918—1945年）三个主要发展阶段，并最终形成了以帝国大学及高等学校为顶端、中学校及小学校为底端的金字塔型学校教育体系。在这一体系中，高等学校作为一种特殊的学校类型，从属于帝国大学，承担着为帝国大学选拔和输送合格人才的重要任务。

第一节　东京大学预备门及高等中学校招生考试制度

1868年的明治维新运动是日本近代历史上的关键性事件。日本明治政府提出了"文明开化、殖产兴业、富国强兵"等建设方针，设立了新的中央行政机构及地方行政机构，并对本国的政治、经济、文化及教育制度展开了大刀阔斧的改革。在教育制度领域，日本明治政府一方面通过向欧美诸国派出使节团、引进外国学者等措施积极考察和学习欧美诸国的教育制度；另一方面积极展开对本国教育情况的调查，着手探索建立符合本国近代化发展的新学校教育制度。

一、东京大学预备门的招生考试

1868年日本实行明治维新后，日本明治政府在"文明开化"总方针的指导下大力发展教育事业，以求为本国的资本主义发展培养高级管理人才。为此，日本明治政府将优先发展高等教育作为教育制度改革的首要任务。1877年，明治政府合并了东京开成学校及东京医学校，建立起近代日本第一所大学——东京大学。由于东京开成学校和医学校均是以洋学及西方医学的教育与研究为主要任务的高等教育机构，因此，东京大学继承了两者学习、吸收西方先进学术的传统，所开展的教育和研究活动仍以西方学术为中心。但当时日本中等教育发展的规模和水平仍然落后，学生自身条件从根本上无法满足当时东京大学的入学要求。为解决这一矛盾，日本明治政府合并了原开成学校下设的预科及官立东京英语学校，成立了东京大学的生源选拔及预备教育机构——预备门，负责为东京大学培养、选拔合格的学生。

当时，东京大学预备门将学生的入学资格规定为"已接种牛痘免疫或自然免疫、年龄在13岁以上者，视其身体、智力等情况可考虑降低年龄限制"，要求报考者"须至少修习过国书、日本地志要略、英语（或法语、德语等外语）、作文、算数"[1]等科目。但对考生曾在何处求学、是否为中学校毕业等过往学习经历概不作规定。东京大学预备门的入学考试科目，包括"和、汉文"、"英（法、德）语学"和"数学"[2]三大科目。其中，"和、汉文"的考试内容分为阅读和作文两部分，主要考查考生对"日本国史、皇朝史略及同等程度书籍"的掌握程度及实际写作能力；外语考试内容则是按照英、法、德等国家进行分科，考查考生对相应国家的语言及历史知识的掌握情况；数学考试内容分为算数、代数两项。从上述招生考试设置的科目及其内容来看，东京大学预备门的招生考试侧重于对考生的母语、外语及国别知识、数学等基础知识的考查，从而为东京大学预备门及东京大学筛选合格的学生。特别需要指出的是，东京大学预备门招生考试的内容及其要求是按照大学自身标准，而不是按照当时日本中等教育的教学内容和发展水平而定的。该时期，日本以"寻常中学校"为主的中等教育学校尚未实现规模化发展，仍处于"没有形成一个衔接初等教育和高等教育的固定的中等教育制度，寻常中学校是随意设置"[3]的状况。由此，东京大学预备门的招生考试并没有考虑日本寻常中学校的教学实际，而只能严格按照大学方面的教学要求，通过严格的招生考试选拔合格的学生。

二、高等中学校的招生考试

1886年，刚上任的日本文部大臣森有礼以"国家主义"教育思想为主导，对近代日本学校教育体系进行了大刀阔斧的改革。同年，《帝国大学令》颁布，东京大学改称"帝国大学"。《帝国大学令》明确了帝国大学"应国家之需要"培养人才的教育目的。

为解决当时中等教育机构无法培养合格人才这一问题，在出台《帝国大学令》的同时，森有礼还制订了《中学校令》，以促进中学校快速规范化发展，达到为帝国大学选拔和培养合格生源的目的。根据《中学校令》的规定，日本将全国（除北海道、冲绳地区外）划分为五个大区，并在每个大区

---

[1]新谷恭明.东京大学预备门成立过程研究［J］.东京大学史纪要，1980(10): 9.

[2]旧制高等学校资料保存会.旧制高等学校全书：第3卷（资料编）［M］.东京：旧制高等学校资料保存会刊行部，1985: 543.

[3]王桂.日本教育史［M］.长春：吉林教育出版社，1987: 166.

设立一所高等中学校。原先附属于东京大学的预备门因此分离出来，成立了第一高等中学校（位于东京）。其后，日本政府又在其他大区相继设立了第二高等中学校（位于仙台）、第三高等中学校（位于大阪，后迁至京都）、第四高等中学校（位于金泽）、第五高等中学校（位于熊本）。除了上述五所官立高等中学校，日本还将私立性质的山口高等中学校、鹿儿岛造士馆中学校纳入直接管辖范围，最终形成七所高等中学校并存的局面（1894年《高等学校令》颁布后，这些高等中学校又被改称为"高等学校"）。至此，分布在日本各地的高等中学校成为帝国大学的人才选拔及预备教育机构。

《中学校令》则对高等中学校的下级学校——寻常中学校（普通中学）作出明确规定，即寻常中学校由各地方政府负责设立并管辖，从而规范各地寻常中学校并保证其教学质量。从教育制度来看，近代日本开始形成了由寻常中学校到高等中学校再到帝国大学，这样一个上下衔接完整的中、高等教育人才选拔及培养体系。但是，从当时的教育实际状况来看，日本各地的寻常中学校仍然未获得充分发展，相应学校的毕业生的综合能力普遍难以达到高等中学校的入学要求。因此，各高等中学校不得不在正式的本科之下设立三年制的预科，希望通过预科招收合格的生源。实际情况是，当时寻常中学校的教学水平甚至无法达到高等中学校预科的要求。因此，除了第一高等中学校因地处东京、私立预备教育发达等原因未另行采取措施，而其他各高等中学校不得不在本校预科下另设"补充科"[1]以选拔和培养学生。这一时期日本高等中学校的招生考试，实质上是其预科或补充科的招生考试。

从招生考试制度的实际运行状况来看，这一时期各高等中学校的招生考试仍沿袭东京大学预备门时代的做法，即由各高等中学校自主管理、自主实施招生考试。以1887年第一高等中学校预科的招生考试为例，其考试科目及其内容主要为"伦理（人伦要旨）、国语及汉文（汉文讲读、听写、作文）、外语（互译、听写）、地理（日本及亚、欧洲地理）、历史（日本及各国历史）、数学（算数、代数学、几何学等理论及应用）、博物、物理及

---

[1]旧制高等学校资料保存会.旧制高等学校全书：第3卷（资料编）［M］.东京：旧制高等学校资料保存会刊行部，1985: 532.

化学、习字、绘图、体操"[1]等内容。其他各高等中学校预科及"补充科"的考试科目及其内容,与第一高等中学校大同小异。虽然高等中学校预科及补充科考试的目的仍然是为高等中学校选拔合格的生源,但与东京大学预备门不同的是,其招生考试是以寻常中学校的教学科目为依据进行设定的。也就是说,高等中学校的招生考试不仅考虑上级学校的招生要求,还有与下级学校教学实际相联系的趋势和特点。

1894年以后,日本国内社会发展形势发生了深刻变化,教育体制改革在这一形势下开始加速发展。寻常中学校也因此获得了良好的发展机会,如表1-1所示。1894年以后,寻常中学校的数量快速增加,其毕业生数量亦随之大量增加,这使得报考高等学校的人数也逐年增加。

表1-1 1894—1902年日本寻常中学校及其毕业生数量

年度	寻常中学校数（所）			毕业生数（千人）		
	公立	私立	总计	公立	私立	总计
1894	56	16	72	949	355	1304
1895	70	16	86	1170	411	1581
1896	78	21	99	1394	404	1798
1897	89	27	116	1781	677	2458
1898	105	30	135	2073	970	3043
1899	133	33	166	2758	1417	4175
1900	159	34	193	5584	2163	7749
1901	182	33	215	6904	2540	9444
1902	200	35	235	8044	3087	11131

资料来源:佐佐木享.大学入学考试的历史[J].大学升学研究,1987(11):42.

以高等学校入学人数中寻常中学校毕业生人数所占的比例来看,如表1-2所示,1894年寻常中学校毕业生人数所占比例仅为45%,到1900年,这一比例迅速攀升至88%。

[1]旧制高等学校资料保存会.旧制高等学校全书:第3卷（资料编）[M].东京:旧制高等学校资料保存会刊行部,1985:532.

表1-2 1894—1900年日本高等学校入学人数中
寻常中学校毕校业生人数所占比例

年度	1894	1895	1896	1897	1899	1900
高等学校入学人数中寻常中学校毕业生人数所占比例	45%	68%	71%	80%	86%	88%

资料来源：佐佐木享.大学入学考试的历史［J］.大学升学研究，1987(11): 43.

随着寻常中学校数量的大量增加和规模的迅速扩大，其教育水平和教学水平亦不断得到提高。1894年以后，日本各高等学校先后取消了补充科及预科，而开始直接以本科进行招生。从制度衔接的角度来看，寻常中学校与高等学校之间的衔接关系逐步实现了正常化，寻常中学校为高等学校供给了大量生源。但高等学校总体数量却没有相应增加，其招生名额也没有相应扩大。考生的生源供给远远大于需求，这使得高等学校入学考试的竞争日趋激烈。也就是说，各高等学校在建校历史、教学水平及综合实力等方面均存在着不小的差距，这使得其入学竞争率（入学难度）也呈现出相差悬殊、极不均衡等特点。如表1-3所示，从1900—1901年各高等学校的报考人数、入学人数及其比例统计来看，建校历史最长、实力最为雄厚的第一高等学校（原"第一高等中学校"）是众多考生竞相报考的热门学校，其入学竞争率和入学难度远远超出了其他几所高等学校，直接导致大量学生落榜。这些落榜生中有不少是学业优异之士，他们当年失败了就继续参加下一年度的招生考试。这种"恶性循环"导致高等学校入学竞争加剧，并产生了报考不均衡等不良现象。

表1-3 1900—1901年日本各高等学校入学竞争率

报考学校	1900年			1901年		
	报考人数（千人）	入学人数（千人）	竞争率	报考人数（千人）	入学人数（千人）	竞争率
第一高等学校	1224	342	3.6	1424	327	4.4
第二高等学校	469	225	2.1	642	190	3.4
第三高等学校	680	177	3.8	562	200	2.8

报考学校	1900年			1901年		
	报考人数（千人）	入学人数（千人）	竞争率	报考人数（千人）	入学人数（千人）	竞争率
第四高等学校	361	200	1.8	598	207	2.9
第五高等学校	380	205	1.9	551	228	2.4
第六高等学校	338	129	2.6	346	175	2.0
第七高等学校	380	150	2.5	533	151	3.5
山口高等学校	—	—	—	311	156	2.0

资料来源：佐佐木享.大学入学考试的历史［J］.大学升学研究，1987(11): 52.

如上所述，由于考生热衷于报考建校历史悠久、办学基础好的热门高等学校，使得热门与冷门高等学校之间出现了报考冷热不均、考生差距较大的问题。这种"不公平、不平等"，对于国家来说也是人才的极大浪费，使得日本政府改革高等学校招生考试制度的需求变得迫切起来。

第二节　高等学校统一招生考试制度的建立与改革

为确保因集中报考热门学校而落第的优秀考生能够进入其他高等学校，也为避免人才浪费、达到国家广泛选拔优秀人才的目的，文部省从1902年开始着手改革高等学校招生考试制度。考虑到之前的各高等学校各自为政的自主招生考试制度存在种种弊端，文部省开始尝试建立集中管理下的统一招生考试制度。

一、高等学校统一招生考试制度的建立

1902年4月，文部省颁布了《高等学校及大学预科入学考试规程》（1903年修订为《高等学校及大学预科入学者选拔考试规程》），提出各高等学校各自为政的自主招生考试制度改由文部省统一管理，并且在招生考试结束后

由文部省根据考生的考试成绩及报考志愿统一录取。

该规程详细内容[1]如下：

1. 高等学校及大学预科入学考试分为预备考试和选拔考试，未经中学毕业者须参加预备考试，中学毕业者及预备考试合格者方可参加选拔考试，即预备考试为选拔考试的资格考试。（预备考试仅执行了一年，于1903年取消）选拔考试，即为正式的高等学校招生考试。

2. 考试科目从国语、汉文、数学、外国语、物理、化学、地理等各科中选取，每年考试前由文部省公布考试科目。

3. 考生可按照高等学校第一部甲类、乙类、丙类，第二部甲类、乙类，第三部医科的顺序填报志愿。各部类专业如下：

第一部甲类：英国法律学科、政治学科、英文科。

第一部乙类：德国法律学科、德文科。

第一部丙类：法国法律学科、法文科。

第二部甲类：工科。

第二部乙类：理科、农科、药学科。

第三部：医科。

为确保优秀考生均能被高等学校录取，在统一考试结束后，文部省首先从全部考生中按照成绩筛选出与各高等学校总定额相应的合格考生，然后根据这些合格考生的考试成绩进行排序，并根据其所填报的志愿进行分配，直到学校满额。在具体操作上，首先按照考生的第一志愿录取，当第一志愿学校满额后；再根据考生的第二志愿分配学校，以此类推。

文部省实行的统一考试、统一录取制度，明确了考生进入高等学校的最低分数要求，在一定程度上保证了生源质量，并使大批因集中报考热门学校而落第的考生得到了进入其他高等学校的机会。但是这一举措并没有有效解决各高等学校考生报考冷热不均的问题。如表1-4所示，以1907年各高等学校入学者的报考志愿排序为例，考生的报考志愿依旧集中于第一高等学校等热门学校。第一高等学校仅录取第一志愿考生即可招满学生，而第二、三高等学校则需要录取第二志愿考生才能实现定员充足，其他高等学校甚至需要

[1] 旧制高等学校资料保存会. 旧制高等学校全书：第3卷（资料编）[M]. 东京：旧制高等学校资料保存会刊行部，1985: 559.

录取第三、四乃至第五志愿学生才能招满。另外，从考生第一志愿的设定情况来看，各高等学校第一志愿学生数量仍然相差悬殊，与其他各高等学校相比，第一高等学校各科类录取的最高分数及最低分数均处于高位。也就是说，第一高等学校仍然集中了最优秀的学生资源。而第七高等学校的第一部甲类，第二部甲、乙类及第三部的录取最高分数甚至仅与第一高等学校的最低分数相当，有的科类甚至低于第一高等学校的最低分数。虽然文部省希望通过改革高等学校统一招生考试制度达到推动各高等学校生源质量均衡发展的目的，但结果却事与愿违，即各高等学校的录取成绩中最高分数和最低分数仍然相差悬殊，这说明各高等学校间的生源质量存在差异的问题仍未解决。

表1-4　1907年各高等学校入学人数（各部、类）报考志愿排序

单位：千人

报考学校	报考志愿排序							总计
	1	2	3	4	5	6	7	
第一高等学校	357	—	—	—	—	—	—	357
第二高等学校	105	128	—	—	—	—	—	233
第三高等学校	198	41	—	—	—	—	—	239
第四高等学校	99	84	38	32	—	1	—	253
第五高等学校	121	82	40	22	26	—	—	292
第六高等学校	89	78	38	11	8	—	—	224
第七高等学校	42	39	25	39	18	22	75	260

资料来源：佐佐木享.大学入学考试的历史［J］.大学升学研究，1987(11): 79.

　　一旦遇到第一志愿学校满额的情况，一部分学生被分配到其他高等学校，他们便产生了"自己与第一志愿学校学生相比矮人一等"[1]的自卑心理。还有一部分学生，他们被分配到远离大城市、家乡或与自己的理想相差甚远的高等学校。他们在入学后往往志气低下、学习意愿不足，其中一些人甚至退学，来年再考。对于国家来说，退学的优秀学生甘愿放弃学习机会重

[1]天野郁夫.高等教育时代［M］.东京：中央公论新社，2013: 127.

复备考，他们空耗精力而不能及时为国效力，这实属人才的极大浪费，也是国家的损失。因为他们重复参加高等学校的招生考试，不但加剧了当年招生考试的竞争，而且使得文部省旨在广泛招收人才、改善应试竞争激烈化局面的目的落空。

二、高等学校统一招生考试制度改革

1918年以后，为适应日本经济和产业进一步发展所出现的新形势和新需求，实现为国家更好、更多地选拔及培养人的目的，文部省再次对包含高等学校招生考试制度在内的教育制度进行了总体改革。

此次改革，首先从大量扩充高等学校数量入手。第一次世界大战后，日本的经济和产业都得到了快速发展，对高级专门人才亦提出了迫切的需求。而当时日本高等学校的数量并未增加，仅为八所，无法满足经济及产业急速发展的需要。面对这一形势，文部省于1918年提出了《高等诸学校的创设及扩张计划》，开始大力增设高等学校。这一计划从1919年开始实行，仅1919年当年就增设了新潟、松本、山口、松山四所高等学校；1920年增设了水户、山形、佐贺、弘前、松江五所高等学校；1921年次增设了大阪、浦和、福冈、东京四所高等学校；1922年增设了静冈、高知两所高等学校；1923年增设了姬路、广岛两所高等学校。短短数年，高等学校持续增设，日本官立性质的高等学校数量总计达到了二十五所，其增加幅度和速度可谓惊人。这一举措从整体上极大地扩充和改善了高等学校的招生数量和规模。在大量增设高等学校的同时，文部省亦对高等学校制度进行了改革。1919年，文部省修订了《高等学校令》，颁布了高等学校四年制"寻常科"加三年制"高等科"的七年制学校制度。其中，"寻常科"相当于寻常中学教育程度，"高等科"仍以大学预备教育为主，以本校寻常科毕业生或寻常中学第四学年程度的学生为招生对象，此举进一步理顺了高等学校及以下学校的人才培养和供应关系，确保能够为高等学校提供大量合格生源。此外，文部省对高等学校招生考试制度也做出了相应的调整，即高等学校招生考试仍然实行统一考试制度，但不再由文部省统一录取分配，而改为由各高等学校根据统一考试成绩自主录取。

在上述政策措施的推动下，日本高等学校的数量大量增加，招生规模亦随之扩大。但在当时招生考试制度的框架下，考生仍然只能填报一所高等学校。也就是说，考生报考一所高等学校就失去了报考其他高等学校的机会。为解决这一弊端，文部省于1925年修订了《官立高等学校高等科入学者选拔考试规程》，决定将二十五所官立高等学校分为两批，先后进行招生考试。其中，第一批为第一高等学校（东京）、第五高等学校（熊本）、第七高等学校（鹿儿岛）、新潟高等学校、水户高等学校、山形高等学校、松江高等学校、东京高等学校、大阪高等学校、浦和高等学校、静冈高等学校、姬路高等学校、广岛高等学校，共计十三所；第二批为第二高等学校（仙台）、第三高等学校（京都）、第四高等学校（金泽）、第六高等学校（冈山）、第八高等学校（名古屋）、松本高等学校、山口高等学校、松山高等学校、佐贺高等学校、弘前高等学校、福冈高等学校、高知高等学校，共计十二所。同时决定，将第一批和第二批高等学校的考试日期错开，分别实施统一考试。

上述举措使考生不但获得了先后两次参加招生考试的机会，而且可以从第一批和第二批高等学校中分别选择一所作为报考志愿。文部省实行高等学校分批招生考试制度的主要目的，在于拓宽考生进入高等学校的渠道，增加考生的报考机会。但是悠久的历史传统决定了各高等学校的发展状况存在差异，尤其是新设立的高等学校，其科类结构尚不齐全。例如，文科中开设第一部丙类（即法国法律学科、法文科）的高等学校，仅有第一高等学校、第三高等学校、东京高等学校、浦和高等学校、福冈高等学校、静冈高等学校；理科中开设丙类学科的学校，只有东京高等学校、大阪高等学校，且其他科类的各高等学校分布状况亦类似。从考试命题技术方面来看，两次考试的内容及难度无法统一，即两次考试难以保证等值性和可比性，因而遭到了各高等学校的质疑和反对。这使得文部省所推行的高等学校分批招生考试制度仅维持了两年，于1927年废除。

第三节　高等学校自主招生考试制度的建立及调整

1927年以后，日本高等学校招生考试制度又迎来一次较大规模的全面改革。一方面，文部省取消了高等学校分批招生考试制度，改为统一考试日期，由各高等学校自主命题、组织考试、录取考生。另一方面，高等学校招生考试，将考生入学前的学业成绩也纳入考查范围，同时增加了对考生的口试及性格品行方面的考查。

一、高等学校自主招生考试制度的建立

1927年，文部省修订了《官立高等学校高等科入学者选拔方法要项》，对高等学校招生考试的原则和方法做出重大修订，具体内容为："第一，高等学校高等科招生选拔要同时考查考生入学前的学业成绩及考试成绩，且两者要按同等价值对待。考生的入学前学业成绩包括各学科成绩、平均成绩及在全年级的名次等内容。第二，废除高等学校分批招生考试制度，各高等学校于统一日期实施招生考试。第三，各高等学校招生考试的科目数原则上为三科目，其内容由各高等学校从寻常中学第四学年及其以下学年的必修科目中自行选定命题，于每年的12月15日前上报文部省，并在12月20日左右以官报的形式公布。第四，除上述选拔方式，各高等学校在必要时可对考生进行人格品行等方面的审查。人格品行审查主要对考生进行口试，同时结合考生在报名时一并提交的毕业学校校长签发的调查书内容，综合考查考生的人格品行。"[1]

自此，日本高等学校招生考试制度迎来了根本性变革。首先，将考生入学前的中学阶段学业成绩列入考查范围，并将之置于与招生考试成绩"同等价值"的地位，其主要目的在于纠正高等学校招生考试过于偏重考试成绩的不正之风，同时消除由之带来的应试教育的弊端。这在一定程度上体现了高

---

[1]旧制高等学校资料保存会.旧制高等学校全书：第3卷（资料编）［M］.东京：旧制高等学校资料保存会刊行部，1985:572.

等学校招生考试开始对下位学校教学内容及质量等方面情况的重视。其次，改变集中管理的统一招生考试制度，实行统一日期下各高等学校单独考试并录取考生，赋予了各高等学校一定的招生考试自主权。文部省仅从招生考试的科目、内容、命题等方面对各高等学校作出了总体性的指导和规定。例如，文部省要求各高等学校招生考试的内容，应"力避偏重记忆的内容，而应注重对考生的理解、判断、推理等能力进行测试"[1]；为减轻考生负担，要求各高等学校招生的考试科目统一限定在三到四个科目。以1928年各高等学校招生考试的科目设置情况为例，第一高等学校的考试科目，文科为国语及汉文、历史、数学、外国语，理科为国语及汉文、物理、数学、外国语。第二高等学校考试科目则不分文理科，均为国语及汉文、外国语、数学。"东京高等学校考试科目亦不分文理科，均为国语及汉文、数学、物理、外国语。"[2]各高等学校单独实施的招生考试，虽然不完全相同，但国语及汉文、外国语、数学均为必考科目，且根据本校要求从历史、地理、物理、化学、博物等科目中增加一个科目。

此外，为防止普通中学教育应试化的发展倾向，文部省作出了各高等学校于每年12月20日（考试开始前3个月）公布考试科目的规定。通过考查毕业中学校长对考生签发的调查书内容以及对考生进行口试的方式，文部省的改革思路得到了进一步体现，即不仅仅以一次考试成绩决定考生能否被录取，而力求对考生在整个中学阶段的学业表现、性格品行等人格因素进行全面、深入的考查，以求更好地选拔出能够担负国家重任的优秀人才。

总体来看，这一时期的日本高等学校招生考试制度改革，对于缓解当时中学校的应试教育及日趋激烈的考试竞争起到了一定的积极作用。高等学校录取考生时不再仅依据其考试成绩，还要求考生提交毕业学校调查书，同时增加了对考生进行口试等措施，这是对考生以往学习情况及个人情况全方位的深入考查。尽管如此，这一时期日本高等学校的招生考试制度仍存在着诸多问题。例如，关于考生的毕业学校调查书的使用情况，由于"中学校间存

---

[1]旧制高等学校资料保存会.旧制高等学校全书：第3卷（资料编）［M］.东京：旧制高等学校资料保存会刊行部，1985: 574.

[2]旧制高等学校资料保存会.旧制高等学校全书：第3卷（资料编）［M］.东京：旧制高等学校资料保存会刊行部，1985: 575.

在优劣之分，且按照中学校长之报告，其间必有各种主观考量，在调查书的使用上常伴有各种困难及弊端"[1]。也就是说，考生毕业学校调查书存在着学校间差异及内容主观性等方面的问题和局限性，难以保证考查的公平性和客观性。因此，从各高等学校的招生实际来看，各学校"对考生的毕业学校调查书并不重视，而是仅偏重于本校的招生考试成绩"[2]。

二、高等学校自主招生考试制度的调整

针对上述情况，文部省于1941年颁布了新的《官立高等学校及官立专门学校入学者选拔方针》，要求各高等学校的招生考试"临时采取与诸年度不同的方法"[3]。根据文部省的要求，各高等学校招生考试分为两步："第一步，根据考生毕业中学校校长出具的调查书，并参考该中学校以往的升学情况，初步筛选出本学校招生定额两倍左右的考生；第二步，以入围考生为对象，进行口试、笔试及体检，并综合其结果决定考生的录取。"[4]

第四节　高等学校招生考试制度的特点

随着日本近代高等教育的产生与发展，各高等学校的招生考试成为连接中等与高等教育的重要环节和选拔高级人才的重要途径。不论是政府所实行的统一招生考试，还是各高等学校的自主招生考试，其首要目标在于"为国选才"，而非促进人的全面发展。为确保这一目标的实现，日本不断改革和调整高等学校招生考试制度，使得招生考试权力逐渐由政府高度集中统一而走向各校分散自主。招生考试方式也由单一的笔试向中学校校长签发调查书、笔试、口试相结合的方式发展。

---

[1]天野郁夫.高等教育时代［M］.东京：中央公论新社，2013：132.
[2]天野郁夫.高等教育时代［M］.东京：中央公论新社，2013：132.
[3]旧制高等学校资料保存会.旧制高等学校全书：第3卷（资料编）［M］.东京：旧制高等学校资料保存会刊行部，1985：587.
[4]旧制高等学校资料保存会.旧制高等学校全书：第3卷（资料编）［M］.东京：旧制高等学校资料保存会刊行部，1985：588.

一、高等学校统一招生考试的实行

纵观日本教育制度的发展历程，"为国家"的国家主义思想始终占据着统治地位。帝国大学的教育目的在于"应国家之需要"。作为帝国大学的预备教育机构，承担着为其选拔人才任务的旧制高等学校亦不例外，其招生考试的基本理念始终贯穿着"应国家之需要"这一明确目的。明治初期，东京大学预备门及其后建立的高等中学校的招生考试，是诸多学子获取社会地位及财富、实现"立身出世"的首要手段。个人目的自始至终都被捆绑在国家目的之中。为了改变这一局面，文部省于1902年开始实行高等学校统一招生考试制度，其出发点和主要目的在于防止优秀考生因集中报考热门学校而落榜，避免国家对所需人才的损失和浪费，从而最大限度地为国家选拔优秀人才。

二、招考权力实现了政府与学校融合

明治初期，日本新政府设立伊始，教育行政组织及其功能发展尚不健全，无充足的精力和财力控制或主导高等学校的招生考试。基于此，日本政府不再干涉高等学校的招生考试，这使得高等学校不仅实行完全自主的招生考试制度，还掌握着充分的招考权力。但各高等学校存在的设立时间不一、历史传统不同、教学实力不均衡等问题，导致考生集中报考热门学校和热门专业。针对这一问题，文部省开始实行高等学校统一招生考试制度，统一举办考试，统一录取，这使得高等学校的招生考试权力由各高等学校转移到了政府手中。然而，统一的考试制度并未解决日本各高等学校报考冷热不均的问题。随着高等学校数量的增加，举办统一招生考试的成本在增长和难度也在加大，这就使得1927年以后文部省再次改革高等学校招生考试制度，将高度集中和统一的招生考试制度改为由各高等学校自主招生考试。文部省由直接管理招生考试向政策制定、监督约束等方向转变，并将招考权力部分下放给各高等学校，由各高等学校自主考试并录取考生。在文部省的规定和限制下，高等学校虽然实行自主招生考试，但与初期拥有的完全自主的招生考试权力有着本质的不同，其自主权力中渗透着政府的统一管理，是招生考试政府统一与学校自主权力的相互融合。

1927年以前，日本高等学校招生考试一直实行的是以笔试成绩决定考生录取的单一化选拔方式。这种选拔方式存在着极大的弊端：第一，仅凭一次的笔试成绩录取学生，具有极大的偶然性；第二，笔试仅能够考查考生的知识掌握情况，而无法考查考生的人格因素。因此，自1927年日本高等学校招生考试制度改革开始，文部省就着手大力推动招生考试由单一化向综合化的选拔方式发展。

如前文所述，文部省不仅要求各高等学校选拔考生时要将中学校平时的成绩与笔试成绩相结合、同等对待，而且要求各高等学校对考生提交的毕业学校调查书进行审核并加以口试，以求全面、深入地了解考生，并综合各项指标决定是否录取。总体来看，这一措施的发展趋势良好，并且符合招生考试的发展趋势。

日本国立大学招生考试制度

第二章

在对多轨制教育体系进行彻底改革之后，日本制定了《教育基本法》《学校教育法》等法律，明确了公民受教育权力平等、教育机会公平等原则和目标，并建立起"六、三、三、四"单轨制民主主义教育体系。在此基础上，日本开始着手设立新制大学，并尝试对国立大学招生考试制度进行多方面探索。

第一节　日本国立大学招生考试制度形成的背景

日本的民主化改革使日本发生了翻天覆地的变化："日本社会的封建性因素几乎被一扫而光，经济方面的地主制、社会方面的父权家长制、政治方面的天皇专制制度、思想方面的天皇神化等都被消灭了。以上因素被消灭，真是千百年来日本国家历史上的空前大变革。"[1]

一、日本的民主化改革

1946年，日本政府着手进行政治、经济等领域的民主化改革。一方面，制订并颁布了具有划时代意义的新宪法——《日本国宪法》，从国家根本法上肯定了民主化改革，确立了主权在民、尊重基本人权、放弃战争、维护国际和平等基本原则，为日本建立民主主义现代国家制度扫清了障碍。另一方面，制定了《经济力量过度集中排除法》，防止已被解散的财阀复活。与此同时，在农村地区推行农地改革，废除封建剥削的寄生地主制度，肃清了日本农村社会中阻碍民主化发展的封建残余。此外，还制定了《工会法》《劳动关系调整法》等法律，为实现工人阶级组织工会、争取合法权益提供了法律保障。

二、日本的教育制度改革

1946年11月，日本教育刷新委员会向文部省提交了《教育基本法纲要》。在此基础上，1947年3月日本政府颁布了《教育基本法》和《学校教育法》两部重要法令。

《教育基本法》在第一条"教育的目"中，首先规定教育的目标是在于塑造学生的人格、培养和平国家及社会的建设者，培养追求真理和正义、注重劳动与责任、充满独立自主精神的、身心健康的国民；明确提出，全体日

---

[1] 王桂.日本教育史［M］.长春：吉林教育出版社，1987：272.

本国民均享有与其能力相适应的平等接受教育的权力，不能因人种、信仰、性别、社会身份、经济地位、门第等的不同而产生差异，强调教育不服从不正当支配，应为全体国民服务、对全体国民负责。《教育基本法》从根本上保障了日本全体国民享有平等的、受教育的权力及机会，既有助于个人实现自身发展，又为日本经济社会的健康发展提供了高质量人才。在《教育基本法》基础上，1947年3月27日日本国会通过了《学校教育法》，并于同年4月1日开始正式实施。《学校教育法》要求建立日本民主主义新学校体系，实行"六、三、三、四"制的单轨学制，即小学六年、初中三年、高中三年、大学四年，明确规定了各级各类学校的设置标准和基本要求，并分别对各级各类学校的教学、管理等进行了详细规定。至此，《学校教育法》成为日本建立新学制的法律依据，也成为日本实行学校体系改革的重要支柱。

三、日本新学校体系的建立

在《教育基本法》及《学校教育法》颁布之后，日本对旧制学校教育体系进行了彻底改造，并在此基础上进行了学制改革。第一，将六年制的旧制寻常小学全部改为新制小学校；第二，将两年（或三年）制的旧制高等小学校及实业补习学校、青年学校等统一合并为三年制的新制中学校；第三，将旧制寻常中学校、高等女学校、实业学校等改组合并为新制高中。根据1948年文部省制定的《新制国立大学实施纲要》中所提出的"一府县一大学"的目标，日本全国各府县均设立了至少一所国立大学，以保证地方学生能进入国立大学。1949年，日本开始全面开展新制大学的设立工作。帝国大学及官立大学被改组为四年制的新制大学。旧制高等学校、大学预科、高等师范学校等不同类型和性质的学校被合并到新制大学中。仅1949年当年，就设立了70所新制国立大学、17所新制公立大学和81所新制私立大学。

作为新教育体制而建立的"六、三、三、四"单轨学制，在有效保障民众教育公平和受教育机会均等的同时，也促进了各级学校的上下衔接，打通了由初等、中等教育通向高等教育的升学之路。在新教育制度及学校体系确立的基础上，日本开始了改革旧制大学招生考试制度、建立新型大学招生考试制度的探索进程。

第二节 日本国立大学招生考试政策的提出

一、民间情报教育局公布《日本上级学校入学者选拔方法》

民间情报教育局（The Civil Information and Education Section，简称 CIE）成立于1945年9月22日，其主要任务是建立以普及民主主义思想为目标的教育体系，发布各项指令指导日本教育制度改革。这些指令和意见均成为日本制定教育政策的重要依据，并对教育改革进程产生了深远影响。民间情报教育局提出按照民主主义教育理念对日本大学招生考试制度进行彻底改革的建议，并对日本大学招生考试制度改革提出了具体的指导意见。其中影响最为深远的是，1949年2月7日发布的《日本上级学校入学者选拔方法》。该文件明确提出，对于所有希望报考大学的考生，只要本人具备相应的能力和素质，高等学校就应对其进行合理、公平的选拔；并提出，日本大学招生考试的具体实施方法：一是通过高中调查书的成绩考查学生过去的表现；二是通过各大学自主实施的学力考试考查学生当下的表现；三是设立与美国SAT相类似的考试，即通过测试学生的智力水平来考查学生未来表现的"升学适应性考试"[1]。

民间情报教育局所提出选拔方法的最大特点，在于对考生"过去、现在、未来的表现"进行综合评价，并将三者放在了同等重要的地位，要求大学招生考试及录取时将三者成绩按同等价值对待。这一选拔方法成为日本建立国立大学招生考试制度的指导原则，对其后日本国立大学招生考试制度的发展产生了深远影响。

二、文部省颁布《新制大学入学者选拔实施纲要》

在民间情报教育局所提出原则、方案的指导下，文部省开始着手制定新制大学招生考试制度相关政策，并于1948年9月颁布了《新制国立大学入学者选拔实施纲要》（以下简称《纲要》）及《新制国立大学入学者选拔制度

[1]增田幸一.入学考试制度史研究［M］.东京：东洋馆出版社，1961：231.

解说》。这些文件是日本新制大学实施招生考试的纲领，对新制大学招生考试的实施方针、选拔方法等均做出了具体规定。其中，新制大学招生考试的目的为：一是大学招生考试应选拔与高等教育相适合的学生；二是大学应充分理解下级学校的教学情况，并采取有助于下级学校教育良好发展的选拔方法；三是大学选拔性考试是有利于教育发展，因此应确立符合大学教育目的的选拔方法。在此基础上，文部省明确提出了新制大学招生考试的具体方法："一是大学选拔新生应由笔试成绩、体检、高中毕业学校提供的调查书综合决定；二是笔试分为'升学适应性考试''学力考试'两部分。"[1]其中，"升学适应性考试"由文部省组织专家、学者进行命题，并统一实施；"学力考试"则由各大学自主命题，自主实施。

为促使大学招生考试发挥正确的导向作用，《纲要》还专门就学力考试的科目选择提出了具体的指导意见。如将学力考试科目定为国语、社会、数学、理科、外语五大学科，并由各大学根据学部的要求自行决定要考试的学科，但各学科内所属科目由考生自主选择，其中理科包含物理、化学、生物、地学四门科目，由考生从中选择一个科目接受考试。采取这一做法的目的，是适应新制高中所实行的科目选修制。文部省希望通过科目的自由选修及考试选择来发展高中生自己的特长科目。"大学虽然有选择所有科目或选择一部分科目进行命题的权力，但是基于从多角度检验考生的能力、促使考生具备接受高等教育所必备的普遍知识的要求和学力考试担负正确指导高中教育正常发展的责任这一角度出发，大学应尽可能地对所有科目命题，以方便考生能够充分选择。"[2]基于此，文部省要求各科目命题应具有较高的教育价值且能代表各学科原理，而不宜采取偏重记忆的琐碎的内容。此外，文部省还鼓励各大学命题应尽量设置不受评分人员主观影响的选择题型，以充分保证试题的公平和客观。

至此，文部省颁布的《新制大学入学者选拔实施纲要》成为新制大学，特别是国立大学实施招生考试的指导性文件。其最大的特点就是，各大学的入学选拔考试，不仅符合大学选拔人才的要求，而且能促进高中教育良好发展，力图实现国立大学考试成绩的合理性和客观性。

[1]增田幸一.入学考试制度史研究［M］.东京：东洋馆出版社，1961：233.
[2]佐佐木享.大学入学考试的历史［J］.大学升学研究，1987(11)：5.

第三节　日本国立大学统一招生考试制度的尝试和失败

1949年5月，日本新制大学的设立工作基本完成。新制大学设立初期，学校同时存在来自旧制、新制学校的学生，就学状况较为混乱。因此，文部省不得不采取一些临时措施，在学生进入新制大学之前，要在全国范围内组织旧制专门学校及新制学校的考生进行统一的"智力测验"。这一测验在1947年开始用于官立学校招生，1948年改为"升学适应性考试"。

一、升学适应性考试的实施及其失败

根据民间情报教育局提出的相关建议和指令，以及《新制大学入学者选拔实施纲要》的相关规定，新制大学招生考试全部采取升学适应性考试与各学科学力考试相结合的方式进行笔试。因此，新制大学设立的当年，就采取了升学适应性考试。其中，新制私立大学的升学适应性考试可由各大学单独命题并实施，其他新制国立大学及公立大学的升学适应性考试则由文部省组织命题委员会统一命题，并在全国同一时间统一实施。也就是说，所有报考新制国立大学及公立大学的考生都必须参加这一考试。至此，日本国立大学的招生考试开始实施由升学适应性考试和各学科学力考试的两次考试，其实质是国家举办的统一考试与大学实施的自主考试两次考试的结合。

值得一提的是，升学适应性考试不同于一般的学科考试。从考试内容和形式来看，升学适应性考试包括文科能力测试、理科能力测试、一般能力测试。其中，文科能力测试占总量的25%，内容以文章读解、作文为主；理科能力测试占总量的25%，内容以对理科报告、图表的解读和说明为主；一般能力测试占总量的50%，内容为造句、词语（例如：反义词、同义词的选择）、数学（例如：算数、逻辑推理）及论述题。升学适应性考试偏重于对考生的语言及非语言理解、表达能力的考查，用于测试考生"天生的智力程度及其倾向"，同时对考生将来是否具备接受高等教育的必备素质进行"预先诊断性判断"。因此，与学科考试注重考查各学科知识掌握程度的性质相比，升学适应性考试更具有"智力测验"[1]的性质。

文部省之所以积极推行大学升学适应性考试，包括两方面原因：一方面，民间情报教育局下发建议和指令；另一方面，"学生就学环境恶劣，学校教育设施、组织、课程等均处于不一致、不充分状态"[2]。与传统学科考试按各门学科划分考试内容的做法不同，升学适应性考试属于"通过心理学方法对考生的适应性进行测试，因此并不需要考生做专门的应试准备"[3]。在新、旧制学校学生并存的情况下，升学适应性考试不仅方便了考生参加考试，而且起到了维护考试公平及教育公平的作用。因此，文部省对升学适应性考试的宣传和推行也得到了广大考生的支持。

由于日本各国立大学情况不一，因此对升学适应性考试的定位和利用方式并不一致。特别是新制国立大学，采取升学适应性考试和大学自主考试相结合的选拔方式录取考生，这使得各大学对升学适应性考试成绩的权重赋值各不相同。从1954年国立大学升学适应性考试的实施结果来看，在报考人数较多的大学中，如东京大学、东京外国语大学等13所大学仅将这一考试成绩用于对考生的初次选拔，至于考生是否被录取则由各大学的自主考试决定。大部分国立大学则采取将升学适应性考试的成绩按一定比例换算进总成绩的方式来录取考生。以1954年6所国立大学招生考试中升学适应性考试成绩所占总成绩的比重为例，如表2-1所示。

表2-1 1954年国立大学招生考试中升学适应性考试成绩占总成绩比例情况

报考大学	学力考试成绩	升学适应性考试成绩	总成绩	升学适应性考试占总成绩比例
东北大学	250	100	350	28.6%
北海道大学	500	100	600	16.7%
九州大学	500	100	600	16.7%
名古屋大学	1000	200	1200	16.7%
大阪大学	600	100	700	14.3%
京都大学	1000	100	1100	9.1%

资料来源：佐佐木享.大学入学考试的历史［J］.大学升学研究，1989(1): 5.

[1] 日本教育心理学会.思考大学入学考试［M］.东京：金子书房，1973: 102.
[2] 日本教育心理学会.思考大学入学考试［M］.东京：金子书房，1973: 110.
[3] 佐佐木享.大学入学考试制度的教育学研究［M］.东京：东京大学出版会，1983: 65.

升学适应性考试及其成绩所占比重的不同，表现了各国立大学对这一考试的理解及接受程度不一的状况。虽然文部省将升学适应性考试作为国家统一考试加以推广，但其效果并没有预期的好，大学及高中方面均对这一考试提出疑问和意见。1952年近畿地区大学协会提出疑问，如"并不是所有大学都考虑升学适应性考试的成绩，这就意味着该考试对于大学来说并非不可或缺。且考试经费过高。此外，考生为准备此考试而不得不参加课外学习班，导致学习负担加重。因此早日废除这一方式是明智之举"[1]。日本高中校长协会也于1953年向文部大臣提出了"应速废止升学适应性考试"的意见书，并在意见书中指出"升学适应性考试成绩与高中的学科成绩、大学入学考试的学科成绩相关度较低，已失去了判断考生是否具备接受大学教育的意义"[2]。基于上述意见，文部省决定于1954年取消全国统一实施升学适应性考试，改由各大学自行决定是否实施。该文件并没有明确提出废除这一考试，而是将选择权交给了大学。但其后鲜有接受这一考试的大学，升学适应性考试事实上处于被废除的状态。

二、能力开发研究所考试的尝试及其失败

20世纪40年代后期50年代前期，文部省将升学适应性考试作为全国大学统一招生考试加以推行。然而，该考试在实行过程中存在诸多问题，因而失去了高中和大学的积极支持，基本上被废除了。但是日本并没有因此放弃在大学招生考试中设立全国统一考试的主张。1954年11月，日本中央教育审议会向文部省提交了一份题为《关于大学入学者的选拔及相关事项》的咨询报告。该报告建议"大学招生考试由国家举办和实施统一考试，考试合格者方可向各大学报名"[3]，同时建议文部省应尽快调查和研究该方案。1960年1月，文部省就包括招生考试在内的大学相关问题及其制度改革向中央教育审议会提出审议要求。根据这一要求，中央教育审议会再次展开调研和审议工作，并于1963年1月向文部省提交了《关于大学教育的改善》的报告。该报告

---

[1]增田幸一.入学考试制度史研究［M］.东京：东洋馆出版社，1961: 319.

[2]增田幸一.入学考试制度史研究［M］.东京：东洋馆出版社，1961: 325.

[3]中央教育审议会.大学入学者的选拔及相关事项［EB/OL］. http://www.mext.go.jp/b_menu/shingi/old_chukyo/old_chukyo_index/toushin/1309426.htm, 2015-11-11.

就大学招生考试制度存在的问题进行了深入分析和探讨，指出当前的大学招生考试制度既不利于各大学之间的联系与协作，又不利于大学与高中之间的联系。针对这一问题，报告提出选拔适合接受高等教育的学生，应综合考生的高中学习状况及大学入学考试成绩，并将其作为判定考生学力与素质的基本依据；必须研究和确立既能考查考生学习情况又能达到升学适应性考试的具有较高信赖度的方法，并依据该方法实施统一、客观的考试。为此，必须设立专门机构来负责统一考试的实施及研究。基于此，中央教育审议会向文部省明确提出了设立统一考试机构的主张，并进一步指出"统一考试机构应以财团法人的形式组织运营。为充分加强大学及高中间的合作，满足高中及大学双方的需求，该机构应以高中及大学相关人员为中心，并加入其他学识经验者及文部省相关人员"[1]。根据中央教育审议会提交的报告，文部省于1963年11月设立了"财团法人·能力开发研究所"作为调查研究及组织实施统一考试的专门机构，决定从当年开始进行为期三年的"能力开发研究所考试"（简称"能研考试"）试点工作，并对接受该考试考入大学的学生进行追踪调查。三年试点工作完成后，即从1967年开始将其全面引入各大学的招生考试中。

文部省对"能研考试"十分重视，将其作为推行"能力主义"教育政策的重要组成部分而大力推广。但是各大学与高中从一开始就对该考试持怀疑甚至反对态度。例如，时任东京大学总长的大河内一男在1963年12月4日召开的记者招待会上针对"能研考试"指出，"大学入学考试不应集中为全国统一的形式，而应当充分发挥大学的自主性"[2]。日本大学基准协会下设的入学考试制度研究分会也于1965年3月提出"在现阶段，将'能研考试'作为大学入学考试的全部或部分替代的做法并不妥当"[3]。这一意见代表了当时大多数大学的观点。此外，日本教职员工会对"能研考试"也提出了明确的反对意见，他们认为"能研考试"是"自1961年文部省在全日本初中举办的统一学力考试的延伸，并且和初中统一学力考试一样，'能研考试'实质上是高

[1]中央教育审议会.关于大学教育的改善［EB/OL］. http://www.mext.go.jp/b_menu/shingi/old_chukyo/old_chukyo_index/toushin/1309479.htm, 2015−11−11.
[2]木村拓也、仓元直树.战后大学入学者选拔原理原则的变迁：以《大学入学者选拔实施要目》第一项选拔方法的变迁为中心［J］.大学入学考试研究期刊，2006(16): 187.
[3]日本教育心理学会.思考大学入学考试［M］.东京：金子书房，1973: 132.

中统一学力考试，从属于人的能力开发政策的一环，是文部省的一项错误的人才选拔政策"[1]。"在1965年的日本全体大学招生考试中，仅有一所国立大学将该考试列入入学成绩。"[2]

表2-2　1963—1968年参加能力开发研究所考试人数变化一览表

单位：人

年度	学力考试	升学考试	职业适应性考试	合计
1963	322690	280876	—	—
1964	226639	322877	282401	831917
1965	264068	257132	259850	781050
1966	222642	258380	237499	718521
1967	159779	188183	166831	514793
1968	100237	126922	109472	336631

资料来源：佐佐木享.大学入学考试的历史［J］.大学升学研究，1989(9): 56.

由于能力开发研究所属独立法人性质，是主要依赖于收取考生报考费维持运营的机构。在全国社会各界均持反对态度的背景下，其经费来源成为极大的问题，直接影响了"能研考试"存在的基础。如表2-1所示，1963—1968年参加"能研考试"的人数不断减少，"能研考试"处境艰难。1968年，能力开发研究所也宣布解散，各校再次回归单独招生考试的模式。至此，日本建立国家统一考试的第二次尝试也以失败告终。

第四节　日本国立大学自主招生考试制度的探索

日本国立大学在创设伊始就被赋予了保证公民教育公平、扩大公平受教育机会的重要使命。为了保证考生考取国立大学时不受经济条件的影响和制

[1]木村拓也、仓元直树.战后大学入学者选拔原理原则的变迁：以《大学入学者选拔实施要目》第1项选拔方法的变迁为中心［J］.大学入学考试研究期刊，2006(16): 132.
[2]黑羽亮一.战后大学政策的展开［M］.东京：玉川大学出版部，1993: 132.

约，国立大学做出了保证学费及各项费用均低于私立大学的决定。这一决定使得不少考生在报考大学时只选择国立大学。因此，如何拓宽考生升入国立大学的途径，成为摆在文部省和全体国立大学面前的重要问题。

一、国立大学Ⅰ、Ⅱ期分批招生考试制度的建立

为解决这一问题，文部省针对全体国立大学制定了Ⅰ、Ⅱ期分批招生考试方案。其具体实施方案是，将全体国立大学按照其所在地区进行分配。如表2-2所示，同一地区或相邻地区的国立大学，一部分被划分为Ⅰ期招生，另一部分被划分为Ⅱ期招生。Ⅰ、Ⅱ期国立大学错开时间，先后实施招生考试，即第Ⅰ期国立大学招生考试结束并公布成绩之后，第Ⅱ期国立大学才进行招生考试。这样，考生就能获得参加两所国立大学招生考试的机会，即使在第Ⅰ期考试中落榜，还可以参加第Ⅱ期招生考试。

表2-2　1950年日本参加Ⅰ、Ⅱ期分批考试的大学分布

地区	批次	
	Ⅰ期	Ⅱ期
北海道地区	北海道大学 带广畜产大学	室兰工业大学 小樽经济大学 北海道学艺大学
东北地区	东北大学 岩手大学	山形大学 福岛大学 弘前大学 秋田大学
关东地区	东京大学 东京文教大学 一桥大学 东京工业大学 东京国立女子大学 东京产业大学 东京艺术大学 群马大学	东京学艺大学 东京外国语大学 东京农工大学 电气通信大学 宇都宫大学 茨城大学 千叶大学 琦玉大学 横滨大学

地区	批次	
	Ⅰ期	Ⅱ期
关西地区	新泻大学 信州大学 福井大学 名古屋大学 三重大学 神户大学 大阪大学 大阪学艺大学 京都大学 京都工艺大学 奈良女子大学	富山大学 金泽大学 山梨大学 名古屋工业大学 爱知学艺大学 静冈大学 大阪外国语大学 和歌山大学 岐阜大学 滋贺大学 京都学艺大学 奈良学艺大学
四国地区	冈山大学 山口大学 鸟取大学 德岛大学 爱媛大学	岛根大学 广岛大学 高知大学 香川大学
九州地区	九州大学 长崎大学 宫崎大学 大分大学	北九州工业大学 福冈学艺大学 佐贺大学 熊本大学 鹿儿岛大学

资料来源：佐佐木享.大学入学考试的历史［J］.大学升学研究，1987(11): 70.

文部省推行国立大学Ⅰ、Ⅱ期分批招生考试的出发点和主要目的，是增加考生被国立大学录取的机会。但在具体实行过程中却暴露出不少问题，其中最为突出的问题是，两批次国立大学在专业设置、知名度及受欢迎程度等方面存在较大差异。如表2-2所示，以旧制帝国大学或官立大学为前身的新制国立大学，如东京大学、一桥大学、东京工业大学、京都大学等均被分配到了第Ⅰ期。这些国立大学不仅历史传统悠久、设备设施齐全、人员配备充足、社会威信度较高，而且普遍拥有医学部、法学部等热门学部。第Ⅱ期国立大学中拥有这些热门学部的大学则数量较少。这样就从事实上给考生留下了第Ⅰ期国立大学群体水平较高，第Ⅱ期国立大学档次、水平都较低的印象。在选择国立大学时，考生普遍将第一志愿设在第Ⅰ期，而将第Ⅱ期国立大学招生考试定位为"补救"志愿，这就使得不少第Ⅱ期国立大学处于招生不利的境地，而在校学生也产生了矮人一等的自卑心理。从这点来看，Ⅰ、Ⅱ期分批招生考试与旧制高等学校分批招生考试所暴露的问题一样，并没有得到有效解决。

国立大学的Ⅰ、Ⅱ期分批归属问题，在实行初期曾有过一些调整和变动，直到1952年才逐渐固定下来。其后虽然也有过一些对Ⅰ、Ⅱ期国立大学进行对调的讨论，都因第Ⅰ期国立大学的强烈反对而没有实现。此外，不少第Ⅱ期国立大学也反对调整，因为"第Ⅰ期国立大学的落榜生中有不少优秀学生，也正是因其落榜，第Ⅱ期国立大学才能把他们招收进来"[1]。基于上述原因，国立大学Ⅰ、Ⅱ期分批招生考试制度并没有一直执行下去。随着1979年全体国立大学共同第一次考试的正式实施，国立大学Ⅰ、Ⅱ期分批招生考试制度被正式废除。

二、招生考试科目的设定

如前文所述，新制国立大学招生考试实行升学适应性考试及各大学自主招生考试并用的方式选拔考生。其中，升学适应性考试由文部省统一命题、统一考试，这是全体国立大学必须参加的国家统一考试；而由各大学分别实施的自主招生考试则由各大学自行负责命题并实行考试。因此，各国立大学招生考试的科目及其内容也成为当时日本社会各界普遍关注的焦点。

根据1948年文部省颁布的《新制大学入学者选拔实施纲要》，新制国立大学自主招生考试实行考试科目选择制。究其原因，新制高中实行"学科、科目选修制"。根据1948年文部省颁布的《高中学习指导纲要》，新制高中课程实行必修课与选修课相结合的方式展开教学。其中，新制普通高中必修课的学科及其学分数分别为：国语，9学分；社会，10学分；体育，9学分；数学，5学分；理科，5学分，共计五个学科38学分（外语科目并不在新制高中必修科目范围内）。在上述学科中，除国语外，社会、数学、理科三大学科中还分别包含着若干科目。例如，社会学科中包含一般社会、日本史、东洋史、西洋史、人文地理、时事问题、国史七个科目；数学包含一般数学、

[1]先崎卓步.高大接续政策的变迁［J］.年报公共政策学.2010(1): 77.

解析Ⅰ、解析Ⅱ、几何四个科目；理科中包含物理、化学、生物、地学四门科目。再以理科为例，《高中学习指导纲要》要求理科必修学分为5学分，而物理、化学、生物、地学都是5学分的科目。学生只需从这四门科目中选修一门即可完成理科的学分要求。为此，国立大学招生考试科目采取了考生自由选择考试科目的方式。

1949年，文部省向全体国立大学发布了详细的指导招生考试的文件——《新制国立大学入学者选拔制度的解说》（以下简称《解说》）。该文件规定国立大学招生考试科目分为国语、数学、外语、社会、理科五个学科。文部省针对大学自主考试的科目也做出相应说明，即各大学应对国语、数学、外语、社会、理科五个学科中所属全部科目进行命题，并由考生在考场从全部科目的命题中选择一科目进行考试。各大学在命题时要注意，在对理科考试进行命题时，应对其所属的物理、化学、生物、地学四门科目全部命题。目前存在着一些对传统命题观念的理解，例如工学部的机械、电气、建筑等学科不需要考生物；所有报考工学部的考生在高中都选修过物理，招生考试时仅就物理命题即可；省去生物命题等。这些理解是片面的、独断的。实际情况是，有些考生在高中时未选修过物理，或者在理科中仅选修过生物。因此，省略某一科目的命题是不可取的。其他学科同理。[1]也就是说，出于对高中教育的尊重和使其发挥正确导向作用的考虑，文部省强调国立大学的招生考试对各学科内的所有科目全部命题，并采取由考生从中选择一门科目进行考试的方式。考生报考哪个学部或哪门专业，都能够以自己选修过的或者以自己最擅长的科目参加考试。但是，这一科目的选择方式存在着一些难以避免的缺陷。首先，文部省要求的对所有科目进行命题的考试方式，对于部分规模较小的大学，特别是师资力量相对缺乏的单科大学来说，全部科目命题成为其极大的负担。其次，考试科目考生自由选择制使得部分考生以自己擅长的生物考试报考工学部。以理科为例，从物理、化学、生物、地学四门科目中选择一门代表理科作为考试科目，此举能否真正考查考生的理科学力受到了社会各界的普遍质疑。如何确保理科中的物理、化学、生物、地学四门科目命题难易程度一致，即如何实现上述四门科目的"等价可比性"，对

---

[1]日本教育心理学会.思考大学入学考试［M］.东京：金子书房，1973：148.

于大学来说也是一个难以操作和实现的问题。由此可知，考试科目考生选择制对大学的人才选拔及后续教育造成了不良影响。

针对上述问题，日本大学基准协会于1950年4月向文部省提交了《新制大学入学者选拔方法意见书》。该文件提出，大学招生考试的科目构成"应在所有考试科目中由考生选择两门科目进行考试。大学方面也可以要求考生只选择一门科目或者由大学指定一门科目进行考试"[1]的具体建议。文部省采纳了建议中所提的"两门科目选择制"，但是并不认可其中的"科目指定制"。文部省认为，既然法律规定学生高中毕业即具备参加大学招生考试的资格，只要学生选修够相应的学分就可毕业，也就具备了参加大学招生考试的资格，因此要求各大学不得指定考试科目并将之作为报考资格。此外，高中方面也对"科目指定制"持明确的反对态度，并指出"科目指定制必将导致高中课程全面沦为大学的预备教育"[2]。

1950年，文部省发布了《新制大学入学者选拔学力考试科目》通知。该通知提出了关于考试科目设置的新方案，即大学可要求考生从数学、社会、理科等学科中选择一门或两门科目参加考试。1951年的国立大学招生考试中，虽然大部分大学采取了两门科目选择制，却不能从根本上解决大学指定科目与考生选择科目的问题。1953年，日本国立大学协会第二常设委员会在其提交的《大学入学者选拔方法学力考试实施意见》中提出了折中方案，即大学可以不指定考试科目，但可提出希望考生在高中选修的科目和在考试中选择的科目。文部省采纳了这一意见，并于1953年9月颁布的1955年以后《大学入学者选拔学力考试的实施》中明确指出了大学可指导考生选择考试科目。

三、关于高中调查书的争论

根据民间情报教育局提出的"以升学适应性考试考查考生未来的表现、以大学入学考试考查考生当下的表现、以高中学业成绩考查考生过去的表现"的方案，文部省制定了《新制大学入学者选拔实施纲要》，提出了"大学选拔新生应通过笔试成绩、体检、高中毕业学校提供的调查书综合决定"

---

[1] 日本教育心理学会.思考大学入学考试［M］.东京：金子书房，1973: 150.
[2] 佐佐木享.大学入学考试的历史［J］.大学升学研究，1987(11): 17.

的方案。文部省除对笔试中的统一考试（升学适应性考试）及大学单独举办的学力考试提出详细指导意见外，在高中调查书方面也统一了调查书的内容，要求调查书中记录考生高中的学习记录、行为记录、教育活动记录、身体状况及出勤、缺勤状况和对考生的综合评价等项目。但是，大学方面并没有充分利用高中调查书，而主要以本大学的自主考试成绩作为录取考生的依据。高中调查书没有得到足够的重视，主要在于其主观性过强。不同的学校不仅评价标准不同、学校间的标准差异过大，而且即使在同一所学校，不同教师对学生的评价也有较大差异。高中调查书在考生录取中所发挥的仅仅是参考作用，并没有与学力考试同等的价值，甚至"高中调查书对录取结果的决定作用决不会比体检大"[1]。针对这一状况，中央教育审议会于1954年11月向文部省提交了《关于大学入学者选考及相关事项的报告》（以下简称《报告》）。该《报告》针对大学招生考试对高中教育的影响，特别是针对高中"应试准备"化的发展倾向，提出大学方面除重视考试成绩外，应尊重高中记录并通过高中记录来考查考生的素质。与此同时，日本高中教育界也一直在强调大学招生考试对高中教育的尊重及对高中调查书的重视。

1960年11月，日本全国高中校长协会发表了《关于改革入学考试问题的意见书》。该文件提出，"使用多种材料选拔考生是最为妥当的方法，其中统一考试、高中调查书、大学自主考试应成为选拔考生的主要资料。调查书作为招生选拔多项资料中的一项，其意义在于促进高中教育正常化"[2]。针对不同学校调查书存在差异的问题，高中校长协会还提出了"通过统一考试修正"，并呼吁各大学"设立招生事务办公室，其主要任务之一，就是审查高中调查书、开展入学后的追踪调查、展开与高中的联系等，以不断加大高中调查书的可信性和客观性"[3]。但以上呼吁并未得到大学方面的认同。1969年，东京大学入学考试制度调查委员会提出了《关于改善入学考试的报告》（以下简称《报告》），明确提出"本校（东京大学）今后仍将学力考试作为选拔的主体，并由笔试成绩决定入学人员"的招生考试方针，并就高

[1]木村拓也、仓元直树.战后大学入学者选拔原理原则的变迁：以《大学入学者选拔实施要目》第一项选拔方法的变迁为中心［J］.大学入学考试研究期刊，2006(16): 187.
[2]田畑茂二郎.大学问题总资料4（入学考试制度及教育研究）［M］.东京：有信堂，1971: 26.
[3]田畑茂二郎.大学问题总资料4（入学考试制度及教育研究）［M］.东京：有信堂，1971: 27.

中调查书的使用问题提出反对意见。《报告》认为，大学应充分尊重高中教育的成果，但以考生高中期间的表现决定他的将来，从教育的角度来看也是不妥当的。特别是大学将考生作为成人对待，与其过去的评价无关。全体考生应站在同一起跑线上，大学应以学力考试的结果决定录取与否，这比使用高中调查书的做法更为公正和妥当。调查书作为决定录取条件，表面上看似乎是尊重高中教育，但其中的"生活及行动记录"内容是学生在学期间的自治活动及与之相关的记录。如果将该内容与大学入学招生选拔相关联，实际上会给高中制造混乱、阻碍学生的健康成长，并加剧高中"大学预备"化的倾向。

综上所述，文部省和高中方面虽然普遍要求重视对高中调查书的使用，但是由于其存在难以确保客观性及公平性等问题，在国立大学并未得到有效使用。关于高中调查书利用问题的论争，实质上是大学教育与高中教育的衔接问题。因此，如何通过大学招生考试加强大学与高中间的联系并增进两者之间的有效衔接，仍是日本国立大学面临的重要问题。

第五节　日本国立大学招生考试制度的
成效和存在的问题

如前文所述，日本展开了全方位的民主化改革，制定了一系列法律法规，并确立了单轨制学校体系。这使得日本国立大学招生考试制度的探索取得了一定成效。

一、国立大学招生考试制度的成效

（一）明确了国立大学的招生考试自主权

1947年，日本制定的《教育基本法》和《学校教育法》对大学入学资格、基本要求等进行了明确规定，为大学招生考试奠定了法律基础。例如，规定大学入学资格为高中毕业或接受12年教育，经文部大臣审定的具备同等学力者；学生的入学、退学、转学、休学、毕业等事项均需教授会审议，由校长决定。同年，颁布了《大学基准》，其中对大学招生考试做了进一步规定。例如，大学各学部招生定额的决定必须尊重教授会意见。教授会通过审议各大学学部的讲座次数、教授能力、课程及实验设备、卫生设施等，综合决定最适合的定员数量；招生考试的科目及其内容由各大学及学部自主决定。上述法律法规明确规定了日本大学招生考试的权力由大学自主决定，以及各大学根据本校及其下设学部的特点、要求自主实施招生考试。

（二）强调大学招生考试的客观性和公平性

1948年，文部省通过制定《新制大学入学者选拔实施纲要》和《新制大学入学者选拔方法解说》等文件来规范和指导大学招生考试，力求维护大学招生考试的公平与公正。例如，为了保证招生考试的客观性和公平性，《新制大学入学者选拔方法解说》特别提出，口试"虽然是选拔方法的一种，但是由于该方法难以通过客观标准进行判断，因此不得成为合格与否的决定因素"[1]。基于此，大学招生考试开始全面禁止使用面试、口试等主观评价形式，而采取"升学适应性考试"。这一举措不但维护了教育公平，而且方便了考生考试。以上措施均是从大学招生考试客观、公平地选拔考生的角度出发而提出的。

（三）增加考生报考国立大学的机会

1949年开始实行的国立大学 I、II 期分批招生考试制度，将位于同一地区或相邻地区的国立大学分别划入 I 期和 II 期，实行两期国立大学先后进行招生考试的模式。由此，考生获得了参加两所国立大学招生考试的机会，即使在第 I 期国立大学招生考试中落榜，还有参加第 II 期国立大学招生考试的"补救"机会。这一举措不但为考生报考国立大学提供了机会，而且拓宽了考生升入国立大学的途径。

二、国立大学招生考试制度存在的问题

日本就建立国立大学招生考试制度开展了一系列探索和尝试，在明确大学招生考试权力自主、注重招生考试客观性与公平性、增加考生入学机会等

[1]日本教育心理学会.思考大学入学考试［M］.东京：金子书房，1973: 170.

方面取得了一定的成效。这一时期的国立大学招生考试制度仍存在一些问题，特别是在招生考试相关的研究准备、选拔方式及国立大学分批招生考试制度等方面的问题较为突出。

（一）国立大学招生考试相关研究准备不足

在探索国立大学招生考试制度的初期，文部省实行了统一考试——"升学适应性考试"及其后的"能力开发研究所考试"。这两次探索和尝试均以失败告终。虽然失败原因是多方面的，但前期研究准备工作不足和仓促实施是导致其失败的主要原因。正如文部省所认识到的，"从中央教育审议会提出报告到能力开发研究所的设立，准备时间较短。并且在设立当年就开始实施，应当说相关准备是不足的"[1]。各国立大学在设置招生考试科目时，过度强调与当时高中课程选修制度的相互适应，使得文部省在未经充分研究和论证的情况下要求国立大学招生考试的科目实行考生自由选择制。这一结果不但对国立大学招生考试造成了不良影响，而且对高中的正常教学造成了干扰，极大地影响了考试的科学性和连续性。

（二）国立大学入学选拔方式单一

随着日本高等教育培养的人才由精英化向大众化发展阶段的迈进，这一单一的选拔方式越来越难以适应大学对个性化人才的选拔。出于对招生考试客观性和公平性的重视，文部省规定国立大学招生考试中不得采用口试、面试等主观性评价方式。但是当时各地高中教育发展水平不一，致使高中调查书存在难以保证公平性和客观性等问题也未有效使用。各国立大学招生录取普遍重视的，依然是本校举办的自主考试，决定录取与否的依据则是考生的考试分数。可以说，这一时期的国立大学招生考试是"一分定胜负"的单一的选拔方式，其存在着无法全面考察考生的局限性。

（三）分批招生考试制度造成国立大学的地位差异

1949年开始实行的国立大学Ⅰ、Ⅱ期分批招生考试制度，使广大考生先后获得了两次报考国立大学的机会。而第Ⅰ期国立大学多是历史悠久、实力雄厚的名校，它们多集中了医学部、法学部等热门学部，这使得Ⅰ、Ⅱ期国立大学产生了明显的地位差异。考生们纷纷集中报考第Ⅰ期国立大学及其热

[1]佐佐木享.大学入学考试制度的教育学研究［M］.东京：东京大学出版会，1983：6.

门专业。对于那些位于偏远地区的地方国立大学或冷门专业，却没有人愿意报考。这一问题导致 I 、 II 期国立大学生源质量不均衡，从而影响了日本国立大学整体的健康发展。

第三章

日本国立大学复合型招生考试制度

　　20世纪60年代末席卷日本的大学纷争，对大学招生考试造成直接影响，如东京大学、东京教育大学等知名国立大学在1969年均被文部省要求暂停招生。这促使日本教育界乃至日本全社会对日本大学发展过程中存在的各种问题进行认真反思。在这一背景下，日本国立大学复合型招生考试制度改革逐渐被提上日程。

第一节　日本国立大学复合型招生考试制度形成的背景

日本经济在20世纪五六十年代获得了长足的发展。1967年和1968年的日本国民生产总值分别超过英国、法国和联邦德国，一跃成为仅次于美国的第二大经济强国。这一时期日本经济的高速发展，主要得益于以石油为能源和原料的重工业及化学工业等传统产业的发展。到1970年，"日本的钢铁、造船、汽车、电力、化纤塑料、化肥、石油制品等重化学工业在整个工业生产中所占比重达到了68.9%，甚至超过了美国等发达资本主义国家"[1]。

一、产业结构谋求转型

随着席卷整个资本主义世界的"石油危机"冲击的到来，以石油为能源和原料的重工业及化学工业等传统产业生产成本大幅提高，导致国内消费物价上升、国际收支赤字增加。至此，日本经济高速增长的势头开始放缓。1974年12月，日本工业生产总值与上一年度同期相比下降了17.5%，其中制造业下降了13.7%。国民生产总值更是出现了首次负增长。

日本政府深刻认识到了传统的经济产业结构已经不能适应新的发展形势，而推动产业结构转型将成为重要课题。为此，日本政府提出"要将以消耗能源动力的重工、化工为中心的增长至上路线，转向充分运用人的智慧和知识的知识集约型产业为中心的灵活增长路线"[2]以谋求新的经济增长点推动本国产业结构由高耗能的资源型产业向高精尖、高附加值产品的生产、开发及服务等新型产业发展转变。产业转型发展对高级人才的选拔及培养提出了新的要求，即大学要不断提升人才培养的质量，使其掌握高度的知识和技能，具有开阔的视野和丰富的个性及创造性。至此，传统的教育及选拔模式已经不能适应现实的需要，而作为进入大学、接受高等教育第一步的招生考试制度更是成为改革的对象。

---

[1] 吴廷璆.日本史［M］.天津：南开大学出版社，1994：1030.

[2] 吴廷璆.日本史［M］.天津：南开大学出版社，1994：1098.

二、高中教育规模的扩大

随着经济的高速增长，日本教育水平也获得了飞速发展。高中学校教育规模不断扩大，学生数量大幅增加，在校生人数占同龄人数比例不断上升。1950年日本高中生人数占同龄人总数的42.5%，到1966年这一比例升至68%，1974年更是突破了90%，此时期的日本高中成为"接受完义务教育的学生都能进入的国民教育机构"[1]。也就是说，日本的高中教育在20世纪70年代后已进入了普及化发展阶段。与此同时，高中毕业生人数的增长速度也是不断加快。如表3-1所示，从1952年到1960年，在短短八年时间内，日本的高中毕业生由56万多人迅速增至93万多人，增幅达到40万。到1965年，日本高中毕业生人数更是攀升至116万人之多。高中毕业生人数的增多直接导致大学升学需求量扩大。

表3-1　日本高中毕业生人数及国立大学入学人数的发展状况

单位：人

年度	高中毕业生人数	国、公、私立大学入学人数	国立大学入学人数
1952	565840	123000	47910
1955	715920	132300	46160
1960	933740	162920	44850
1965	1160050	249920	54680

面对迅速增长的高中毕业生人数及有限的招生名额这一矛盾，如何从众多考生当中科学、高效地选拔出高质量、个性化的人才，成为日本大学招生考试亟待解决的重要问题。而传统的仅以笔试选拔人才的方式难以实现对考生的多样化、个性化考察。因此，传统的大学招生考试制度已经不能适应社会经济及教育发展的需要，其改革势在必行。

三、国立大学招生考试弊端凸显

随着高中毕业生人数的逐年增加，希望进入大学的学生也随之增多。大

---

[1]先崎卓步.高大接续政策的变迁［J］.年报公共政策学.2010(03): 32.

学招生考试竞争日趋激烈，特别是一些名牌大学和热门专业的招生考试更是达到白热化的竞争状况。面对日益增多的考生，各国立大学不得不提高招生考试的难度以更好地甄选和选拔优秀考生。更甚者，不少国立大学的招生考试中频频出现超出高中学习指导纲要范围的题目，目的是拉开考生的分数档次，这使得众多高中生不得不参加补习班，通过补习大量艰深、晦涩的内容来应对考试。在沉重的考试压力下，高中生仅将考入理想大学设为高中学习的纯粹目标，而忽视了个人的全面发展和健康成长。面对大学招生考试给考生造成的沉重压力，日本政府认为应试教育不利于日本未来的发展，必须转变上述不利局面。改革大学招生考试制度，因此成为首先需要解决的问题。

第二节　日本国立大学招生考试政策的修订

随着日本社会经济及教育水平的快速发展，日本国立大学的招生考试开始面临诸多新的挑战和要求。在此背景下，以日本全国高中校长协会为代表的高中教育界，以中央教育审议会、文部省组织的大学入学考试改善会议为代表的教育行政管理界和以国立大学协会为代表的国立大学，纷纷就国立大学招生考试制度改革展开讨论和调研，并以报告的形成提出了很多有分量的改革建议。这些建议成为20世纪70年代以后日本国立大学招生考试制度改革的政策基础。

一、大学招生考试改革相关调研报告

（一）《关于改革大学入学考试制度的意见书》

对于大学招生考试制度改革，日本高中方面关注度最高。1970年10月，日本全国高中校长协会在经过长期讨论和充分研究后，公布了题为《关于改革大学入学考试制度的意见书》（以下简称《意见书》）。该《意见书》就日本高中教育应试化发展倾向发出呼吁，并就日本大学招生考试制度改革提出改革意见，指出"教育的使命在于开发青年学生的可能性、为社会培养富有个性的人才。高中方面应通过课程和教学方法改革努力实现这一使命。大

学教育则应通过进一步提高青年的才能，将他们的未来与社会和文化发展的需要结合起来。但是作为高中和大学衔接点的招生考试却阻碍了两者达成目的，歪曲了高中及大学教育的发展。虽然社会各界一直在强调改革的必要性，但是实际进展不大，恐将对青年的发展和国民的未来产生不利"[1]。《意见书》在对日本大学招生考试制度提出批评的同时，也提出改革方向，即应综合材料选拔、录取考生。所谓的综合材料，应包括统一考试、高中调查书及大学单独举行的入学考试成绩。该《意见书》还特别指出"统一考试在测试高中课程内容的同时，也要测评考生是否具备接受了大学教育相应的能力和适应性。因此，统一考试对促进高中教育正常化发展及青年能力开发都具有重要的意义"[2]。《意见书》从促进高中教育正常化的立场出发，明确提出了以统一考试、高中调查书、大学自主考试三者相结合的招生考试改革目标，受到了当时日本社会各界的普遍关注。

（二）《关于今后学校教育综合扩充整顿的基本对策》

在日本高中教育界不断呼吁对大学招生考试制度进行改革的同时，中央教育审议会亦将大学招生考试制度改革放到教育制度整体改革的高度展开了深入研究和审议。1971年6月，中央教育审议会向文部省提交了《关于今后学校教育综合扩充整顿的基本对策》的咨询报告。在报告中，中央教育审议会对20世纪70年代世界技术革命的迅猛发展趋势及国际国内形势的急剧变化进行了深入的分析，并在此基础上提出，要推进"致力于维系国家、社会未来的、继明治维新及第二次世界大战之后的日本第三次教育改革"[3]，掀开了20世纪70年代日本教育改革的大幕。报告就日本教育的制度、管理、教学、师资、招生考试等进行了全方位的分析和研究，指出各领域存在的问题并提出了相应的改革建议。其中，大学招生考试制度改革是该报告提出的教育制度改革的重点内容之一。报告明确提出，大学招生考试制度改革必须以不断促进国民共同的基本素质、以充分发展国民的个性及创造性为目标。同时指出，今后日本大学招生考试制度改革的方向：一是将公正显示考生高中学习

[1]田畑茂二郎.大学问题总资料4（入学考试制度及教育研究）［M］.东京：有信堂，1971：36.
[2]田畑茂二郎.大学问题总资料4（入学考试制度及教育研究）［M］.东京：有信堂，1971：38.
[3]中央教育审议会.今后学校教育综合扩充整顿的基本措施 ［EB/OL］.http://www.mext.go.jp/b_menu/shingi/old_chukyo/old_chukyo_index/toushin/1309492.htm，2015−11−11.

成果的高中调查书作为大学招生选拔的基础资料；二是为实现上述目标、修正高中间评价水准的差异，应开发并实施统一考试；三是各大学认为有必要时，可就各专业招生中所重视的特定能力对考生进行考核，并将其结果纳入综合判定资料中。报告进一步明确了大学招生考试中高中调查书、统一考试及自主考试的关系，提出各大学招生选拔应以高中调查书为基础，为修正各高中间差异而实施统一考试；各大学重视的专业能力应由各大学负责考察等改革路线。这一改革路线对20世纪70年代以后日本国立大学招生考试制度改革产生了深远影响。

（三）《关于改善大学入学者选拔方法》

为进一步加大大学招生考试制度改革的推进力度，文部省于1971年专门成立了由大学、高中及社会有识之士参加的"大学入学者选拔改善会议"，并委托该会议就大学招生考试制度中相关问题展开详细研讨。同年，大学入学者选拔改善会议向文部省提交了《关于改善大学入学者选拔方法》的研究报告。报告认真分析了日本大学招生考试制度中存在的问题，指出"虽然日本的大学总体上正在向多样化方向发展，但是受社会传统观念的影响，考生集中报考少数名牌大学和热门专业，导致入学考试竞争仍然相当激烈，考试地狱现象仍然存在；大学在录取考生时，仍然只重视考生的入学考试成绩，高中调查书没有起到相应的作用；虽然许多大学努力改进入学考试内容，但是仍然存在试题超出高中学习指导纲要范围的问题，对高中教育正常化发展造成不良影响"[1]。在此基础上，报告提出今后日本大学招生考试制度的改革方向应"依据高中调查书、全国统一考试及各大学自主考试、小论文考试、面试、实际技能测试以及健康检查的结果进行综合判定"[2]。从内容上看，报告延续了中央教育审议会提出的改革方向，并再次提出将国家统一考试、大学自主考试、高中调查书三者结合录取考生的设想。此外，报告还专门就统一考试与大学自主考试的差异进行了对比分析，强调统一考试的优点在于"与自主考试相比，统一考试在判定考生接受大学教育之必备基础能力与学术适应性等方面具备更加可信的优势"[3]。

[1]日本教育心理学会.思考大学入学考试［M］.东京：金子书房，1973：220.
[2]日本教育心理学会.思考大学入学考试［M］.东京：金子书房，1973：221.
[3]日本教育心理学会.思考大学入学考试［M］.东京：金子书房，1973：221.

（四）《关于全国统一考试的相关总结》

在中央教育审议会和文部省所组织的大学入学者选拔改善会议就大学招生考试制度展开研讨的同时，作为日本国立大学的代表——日本国立大学协会亦展开了关于国立大学招生考试制度改革的讨论和研究。1971年3月，国立大学协会设立了"入学考试调查特别委员会"，专门就国立大学实施统一招生考试的实施方法展开调研。1972年9月，入学考试调查特别委员会公布了《关于全国统一考试的相关总结》的报告。报告包括"全国统一考试基本构想"、"统一考试结果利用方法"、"统一考试的有利之处"和"今后的措施"四大部分，对全国统一大学招生考试从制度、技术等方面进行了更为详细的讨论和规划。报告提出，"全国统一考试，原则上以各大学、学部根据自身特色实施相应的自主考试，要求所有报考国立大学的考生必须参加全国统一考试；应成立国立大学共同利用机构，负责全国统一考试的命题、实施、评分、统计、成绩公布等各项具体事务。在考试结束后，该机构还将就考试试题展开分析和研究等工作，以改进今后的统一考试命题的质量"[1]。该报告还就统一考试的科目进行了讨论，提出所有报考国立大学的考生均须参加国语、外国语、数学、社会、理科五个学科的考试，且可以自由选择学科内的科目。为提高统一考试的阅卷评分效率及保证公平起见，各科目试题均将设为客观题，并用电子计算机阅卷。统一考试的日期定为12月或1月左右，时间为2—3天。考生在居住地考场便可以参加统一考试。考生报考时不再进行Ⅰ、Ⅱ期国立大学区分，而统一向所报考的国立大学提交志愿。由上述内容可知，日本国立大学协会将建立国家统一考试的方案，并将其进一步明确化和具体化，同时提出了设立统一考试机构、统一考试内容及时间等建议。这些方案及建议为日本国立大学统一招生考试的建立及实施提供了方法和基础。

二、文部省颁布《大学入学者选拔实施大纲》

在日本高中校长协会、中央教育审议会、国立大学协会等团体提交报告的基础上，文部省于1977年6月颁布了《大学入学者选拔实施大纲》（以下简

---

[1]日本教育心理学会.思考大学入学考试［M］.东京：金子书房，1973: 223.

称《大纲》）。《大纲》决定全部国立大学从1979年开始正式实行国家统一考试与大学自主考试相结合的招生考试制度。

（一）对大学招生考试原则提出新要求

一是选拔具备适合接受高等教育能力和适应性的学生。这一原则体现出大学对招生考试的基本要求，即招生考试的首要功能在于选拔适合接受高等教育的考生。二是以公正、妥当的方法进行选拔。此原则体现出考生对大学招生考试的基本要求，即必须确保招生考试公平和科学。三是不干扰高中的正常教学。这一原则体现出高中学校对招生考试发挥正确导向作用的要求。文部省制定的上述招生考试原则改变了重视对考生"过去、现在、未来表现进行考查的'美国式'原则的规定"[1]。

（二）明确提出国立大学招生考试分两个阶段进行

第一阶段，全体国立大学（包括地方所设的公立大学在内）进行统一考试，即所有报考国立大学的考生都必须接受的"共同第一次学力考试"。第二阶段，各大学单独举办自主考试，由考生根据志愿报考相应的国立大学。统一考试的科目均为高中必修科目，包括国语、社会、数学、理科、外语五大学科。其中，社会及理科分别下设若干门科目，由考生选择其中的两个科目考试。统一考试的主要目的，在于考查学生高中期间的基本学习情况，以高中所学基本知识、基本技能等为主，试题均为客观选择题。在统一考试结束后，各国立大学再分别实施自主招生考试。自主考试的目的，在于考查和判定学生是否具备相应的专业能力，考查内容以相关学科或专业知识为主。考试形式为论述式、论文式、口试等主观题型。大学方面也可自行设计考试题型。

（三）制定统一考试及大学自主考试的日程安排

各国立大学于每年的七月上旬发布招生简章或报考指南，公布各学部或专业的招生名额、考试科目、内容及要求等详细事项及具体的报名日期。考试时间为次年一月份的最后一个周六和周日。考试结束的第二天，各国立大学即公布考试试题及答案。考生根据公布的标准答案进行估分，据此向目标大学提交报考志愿，参加该大学的自主考试。

---

[1] 木村拓也、仓元直树. 战后大学入学者选拔原理原则的变迁：以《大学入学者选拔实施要目》第一项：选拔方法的变迁为中心［J］.大学入学考试研究期刊，2006(16): 187.

第三节　日本国立大学统一考试制度的建立

　　1977年3月，日本国会表决通过了《国立学校设置法》和《国立学校设置法施行规则》修正案，提出设立大学入学考试中心作为国立大学统一考试的专门负责机构，主要任务是"制订统一考试的试题并阅卷评分，同时处理其他相关事务"[1]，同时告知"全体国立大学要与大学入学考试中心密切合作，于统一时间共同实施统一内容的招生考试"[2]。

一、大学入学考试中心的创设

　　1977年5月，日本正式成立了国立大学统一考试的组织及实施机构"大学

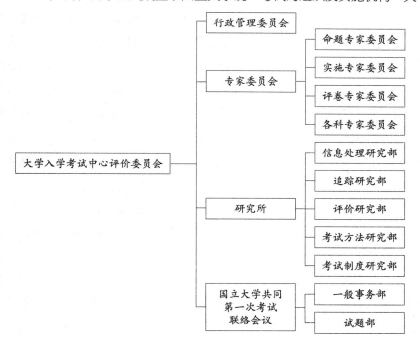

图3-1　日本大学入学考试中心组织机构图[3]

[1]贾非.各国大学入学考试制度比较研究［M］.沈阳：辽宁教育出版社，1990: 60.
[2]同上.
[3]贾非.各国大学入学考试制度比较研究［M］.沈阳：辽宁教育出版社，1990: 65.

入学考试中心"。大学入学考试中心全面负责国立大学统一考试的组织及实施等各项任务，中心全面负责国立大学统一考试的组织及实施等各项任务，具体包括制定考试章程、办理考生报名、组织命题、举办考试、阅卷评分、公布成绩并向各大学提供信息等。大学入学考试中心还负责对大学招生考试进行调查研究，为大学招生考试制度改革提供建议的职能。

大学入学考试中心在设立初期共有固定专职人员86人。其中，中心所长、副所长各1人，中心正副教授共10人，助教4人，其他工作人员70人。如图3-1所示，大学入学考试中心评价委员会是大学入学考试中心的决策部门。该委员会由国立大学的校长和学术权威专家等15人组成，负责制订计划、讨论大学入学考试中心的各项重要事务，并向中心委员长提供建议。行政管理委员会为中心的管理部门，由国立大学及大学入学考试中心的教授和教育界人士等21人组成，主要任务是讨论考试实施计划及实务问题，并根据中心委员长的要求研讨考试中心的行政管理事务，协助中心委员长管理和执行大学招生考试的实际任务。专家委员会为中心的具体业务部门。专家委员会包括命题专家委员会、实施专家委员会、评卷专家委员会及各科专家委员会。其中，命题专家委员会由全国国立大学推选出的200余名教授组成，按照学科分成15个命题小组，分别负责各科的命题工作，商讨确定命题的难易程度、数量范围和评价标准等。每位命题委员任期两年，每年改选一次、更换一半委员，以保证委员中新老委员的恰当比例，避免所出命题的重复性和倾向性，同时避免试题中出现偏题、怪题，保证命题质量，从而准确测出考生掌握知识的实际水平。实施专家委员会主要负责统一考试的实施，包括制订每一年度的考试章程及日程表，接受考生报名、印制试卷、安排考场、聘请监考工作人员、组织考试、组织试卷的装订及封存等具体事务。评卷专家委员会的主要任务是制定评卷工作日程、组织评卷工作等。最重要的工作，是审议预设答案的准确度，并将标准答案输入电子计算机，从而完成电子计算机阅卷的程序设计。

除上述之外，大学入学考试中心还设立了研究所和国立大学共同第一次考试联络会议。研究所在其下设置了信息处理研究部、追踪研究部、评价研究部、考试方法研究部与考试制度研究部，专门就统一考试的实施、技术、制度等进行全面研究，并对每年的统一考试进行总结和追踪调查。国立大学共同第一次考试联络会议负责与高中学校保持经常性联系，及时了解和掌握高中对统一考试的意见和要求。

二、统一考试科目的确定

1979年1月，由大学入学考试中心负责组织的统一考试首次正式实施，该考试被命名为"国立大学共同第一次学力考试"。如表3-2所示，教学科目分别为国语、数学、外语、理科、社会五大学科，每学科满分200，共计1000分。其中，理科及社会下设多门科目，考生可自选其中两门进行考试。因此，国立大学共同第一次学力考试，实际上是五学科七个科目的考试。

表3-2　1979年日本国立大学共同第一次学历考试学科及考试科目

学科	分值	考试时间（分钟）	考试科目
国语	200	100	现代国语、古典Ⅰ甲
数学	200	100	数学Ⅰ、普通数学
外语	200	100	从"英语A、英语B、德语、法语"四门中选一门
理科	200	120	从"物理Ⅰ、化学Ⅰ、生物Ⅰ、地学Ⅰ"四门科目中任选两门科目
社会	200	120	从"伦理及社会、政治及经济、日本史、世界史、地理A、地理B"六门科目中任选两门，其中地理A、地理B不得同选

资料来源：荒井克弘.战后学习指导要领的变迁与大学入学考试［J］.大学入学考试论坛，2001(24).

从当时日本高中学校的实际教学科目来看，执行方案依然是文部省1970年发布、1973至1981年执行的《高中学习指导纲要》（以下简称《纲要》）。该《纲要》推行高中必修制与选修制课程相结合的制度，为了推动高中课程多样化发展，还采取了缩小必修课、扩大选修课的措施。

表3-3 1973—1981年日本《高中学习指导纲要》学科与考试科目

学科	考试科目	学分	命题方式	考试时间（分钟）	总分
国语	现代国语	7	现代国语、古典Ⅰ甲合并为一个科目命题	100	200
	古典Ⅰ甲	2			
	古典Ⅰ乙	2			
	古典Ⅱ	3			
数学	普通数学	6	普通数学、数学Ⅰ分别命题考生可选择一个科目考试	100	200
	数学Ⅰ	6			
	数学ⅡA	4			
	数学ⅡB	5			
	数学Ⅲ	5			
	应用数学	6			
理科	基础理科	6	基础理科及Ⅰ类科目命题考生可选择两个科目考试	120	200
	物理Ⅰ	3			
	化学Ⅰ	3			
	生物Ⅰ	3			
	地学Ⅰ	3			
	物理Ⅱ	3			
	化学Ⅱ	3			
	生物Ⅱ	3			
	地学Ⅱ	3			
社会	伦理·社会	2	各科目均命题，考生可选择两个科目考试（地理A、地理B不得同选）	120	200
	政治·经济	2			
	日本史	3			
	世界史	3			
	地理A	3			
	地理B	3			
外语	初级英语	6	英语A、英语B均命题，考生可选择英语或德、法语考试	100	200
	英语A	9			
	英语B	15			
	英语会话	3			
	德语	15			
	法语	15			

资料来源：荒井克弘.战后学习指导要领的变迁与大学入学考试［J］.大学入学考试论坛，2001(24).

通过表3-3所示，我们可以看出由大学入学考试中心组织的国立大学共同第一次学力考试与当时高中教学科目的对应关系。国立大学共同第一次学力考试的命题范围基本限定在高中阶段的必修课程。考生不分文理科都必须参加上述全部五大学科的考试。考生如果放弃其中一门，则被视作失去参加大学自主考试的资格。当时外语并没有列入必修科目，鉴于其在大学教育中的重要性，也被列为统一考试科目与其他学科及考试科目一样都严格按照文部省制定的《纲要》命题。此举体现了国立大学共同第一次学力考试力图保证命题的规范性和科学性，从而促进高中教育正常化发展的目的。试题要求既要有浅易的题目，也要有难度较大的题目，整体难易程度要控制在普通考生能够答对60%的程度，以求纠正过去单独命题招生考试中出现的难题、偏题、怪题等错误，从而不断提高命题质量。

第四节　日本国立大学自主招生考试的开展

如前文所述，实施国立大学共同第一次学力考试的主要目的，在于考查考生高中基础知识的掌握及运用情况。该考试不分文理科，要求所有报考国立大学的考生必须接受五大学科七门科目的全面测试。统一考试反映了各国立大学对考生具备接受大学教育所必需的基础学力这一共同要求。在统一考试结束后，各国立大学再分别举办本校的自主考试。与统一考试的性质及目的不同，各国立大学自主招生考试的主要目的在于考查考生相应的学科知识及专业能力，并测试考生是否具备接受大学专业教育的适应能力。各国立大学自主考试在形式和内容方面均与国立大学共同第一次学力考试不同，反映了各国立大学及其学部、专业对考生在学科专业方面的特定要求。各国立大学的不但各不相同，而且即使在同一所大学中，学科专业不同，其招生考试内容及方式也存在着诸多差异，呈现出多样化的发展特点。

一、国立大学自主招生考试改革

国立大学共同第一次学历考试设置的五大学科七门科目基本涵盖了高中

必修课程，力求实现对考生高中知识掌握情况及其基础能力的全面考查。而各国立大学则在统一考试的基础上，结合本大学及学部的专业特点、要求，采取与统一考试不同的考试科目和内容对考生进行进一步考查。与国立大学共同第一次学力考试不分文理科的做法相比，各国立大学的自主招生考试不但区分文理科，而且根据学部专业特点进一步细化了考试科目及其内容，以重点考查考生的专业知识和能力。在日本国立大学中，东京大学堪称典范，其招生考试形式被其他国立大学所学习和效仿。下面以东京大学的自主招生考试为例进行分析。

作为历史传统最悠久、实力最雄厚的日本老牌国立大学，东京大学一直都是众多考生梦寐以求的报考目标。如何从众多考生中选拔出优秀人才，东京大学一直十分重视。早在20世纪60年代后期，东京大学就设立了入学考试制度调查委员会，专门就招生考试制度展开深入的讨论和研究。在日本全体国立大学共同第一次学力考试实施之前，东京大学就建立了本大学第一次考试与第二次考试相结合的考试制度，以期严格选拔优秀人才。1979年以后，随着国立大学共同第一次学力考试的正式实施，东京大学不再单独举办第一次考试，而是通过国立大学共同第一次学力考试筛选出三倍于招生计划数的考生入围东京大学第二次考试。也就是说，考生必须参加国立大学共同第一次学力考试并达到相应的要求，才有资格参加东京大学举办的自主考试。

东京大学一直实行文、理科大类招生及培养制度。考生分为文科类1（法）、文科类2（文）、文科类3（经）及理科类1（理）、理科类2（工）、理科类3（医）六大类。学生考入东京大学，大一、大二两学年须先在东京大学教养学部接受通识教育，大三、大四才可以分配至各专业学部。由此可知，东京大学的自主考试并未按学部进行，而是分为文、理两大科进行考试。文科考试科目为国语、数学、外语和社会四门（参加社会科目考试的考生从政治·经济、日本史、世界史B、地理B四门科目中选择两门科目考试），其中国语、外语、社会各为200分，数学为140分。理科考试科目为国语、外语、数学、理科四门（参加理科考试的考生可从物理B、化学B、生物、地学四门科目中选择两门科目参加考试），其中数学、外语、理科各为200分，国语为140分。在考试内容方面，文、理科各有侧重。以国语科目命题为例，文科中的国语命题范围为现代国语、古典乙Ⅰ及古典乙Ⅱ；而理科中的国语命题范围则只有现代国语、古典乙Ⅰ两部分。以数学科目命题为例，文科中的数学命题范围为数学Ⅰ及数学ⅡB；而理科中的数学命题范围则为数学Ⅰ、数学ⅡB及数学Ⅲ。

从上述对东京大学自主考试的分析来看，大学自主考试与统一考试在科目设置、考试内容、难易程度等方面均有较大差异。统一考试不分文、理科，实行全科目考试。由于要遵循阅卷评分要高效和考试成绩要客观的原则，统一考试各科目均采取选择题的形式。而大学自主考试则是对统一考试的必要补充，其题型以主观论述题为主，侧重考查考生的思考过程和表达能力。大学自主招生要求考试科目设置区分文、理科，并且在考试内容和难度各有区别和侧重，所涵盖的考试范围亦有所不同。此举不但减轻了考生的备考负担，而且明确了大学自主考试的考查目的，即对考生的学科专业知识及相应能力进行深入考察。

二、小论文考试形式的出现

随着日本国立大学共同第一次学历考试的正式实施，各国立大学在对本校举办的自主考试进行改革的同时，也在不断积极探索新的考试形式。原因是，常规的学科考试虽然能够测试学生对专业基础知识的掌握情况，但是在测试考生是否具备良好的问题意识及初步的科学研究能力方面依然存在不足。因此，在国立大学共同第一次学历考试既定的前提下，各国立大学均展开了多样化的考试改革。其中，以小论文考试替代常规学科考试的国立大学不断增加。小论文考试不是直接考查考生对知识的掌握情况，而是给出材料或命题内容，要求考生对其进行分析、说明，并得出结论。与传统的学科考试相比，小论文考试更加注重对考生知识运用能力的考查，且尤为注重考查考生对问题的综合分析及论述、表达能力。此外，小论文考试更贴近大学教育的特点，即由知识传授向科学研究方向发展，所选取的材料也非常贴近考生的生活实际，注重引导考生对生活中实际问题的思考，因此能够达到常规学科考试难以实现的测试效果。

三、推荐入学制度的兴起

20世纪70年代以后，随着日本国立大学招生考试制度改革的不断深入，推荐入学制度逐渐兴起，并成为各国立大学的重要招生方式。推荐入学制度以考生获得毕业高中校长的推荐信为基础。各国立大学从本校招生总名额中划分出一定数量的名额给高中推荐的优秀考生，根据高中的推荐，同时结合考生调查书和高中阶段学习成绩进行选拔。根据专业测试的需要，有的国立大学还增加面试、小论文考试、实际技能测试等对考生进行进一步考查。

此后，日本部分私立大学率先实行。受20世纪60年代末席卷全国的"大学纷争"的影响，各国立大学正常的招生秩序遭到破坏。"大学纷争"结束以后，国立大学才逐渐开始实行这一制度。其后，随着国立大学招生考试改革步伐的加快，以1979年国立大学共同第一次学力考试的正式实施为契机，采取推荐入学制度的国立大学开始显著增加。下面以筑波大学为例，详细考查日本国立大学招生考试中推荐入学制度的实施及运作情况。

筑波大学前身为东京教育大学。1973年，随着日本政府建设"新构想大学"的提出，东京教育大学迁移至筑波地区并更名为"筑波大学"。为了实现国立大学在教育及研究方面的突破和创新，筑波大学采取了不同于传统国立大学的组织结构及管理方式。在招生考试方面，筑波大学积极引入推荐入学制度，成为日本较早实行推荐入学制度的国立大学。1988年，筑波大学的推荐入学名额占到了"该校招生总名额的25%～30%"[1]。其推荐入学分两阶段实施。第一阶段，以考生的共同第一次学力考试成绩及高中调查书为主要依据，筛选出推荐入学招生名额三倍左右的考生入围。推荐入学条件要求考生高中调查书中所记载的各科平时成绩必须达到A级以上（高中调查书中对考生平时成绩的记录，以该高中同一学年全部学生成绩为准计算该考生高中在学期间的平均成绩，各科成绩评定分为A、B、C、D、E五个级别。A级为最高级，意味着该考生在全部学生中位居前20%）。第二阶段，由各学科的五至七位教授组成考试委员会对入围的考生进行面试。面试主要从个人情况及专业能力情况两个方面对考生进行综合考察。一是通过一般性、常识性的问题来了解考生的个人愿望、报考动机、未来的学习意愿、态度及人生观、价值观等，并通过这些问题核查考生提交的推荐材料是否真实可信；二是根据考生所报考的学科和专业方向，就该学科和专业的一些基本概念、原

---

[1]陈俊英.筑波大学实行推荐入学［J］.日本问题研究，1982(4): 86.

理等专业知识提出问题，以考查考生是否对所报考的学科专业有所了解。由此可知，筑波大学的推荐入学制度不但重视考生的高中学习成绩及统一考试成绩，而且非常重视对考生的综合素质和能力的考察。通过面试，筑波大学不仅对考生的人生观及价值观、学习意愿及态度、对未来的抱负和志愿等进行了考察，而且对考生对所报考学科专业的了解程度、知识结构、思考、判断、表达能力等进行了综合评价。可以说，推荐入学制度最大的意义在于打破了仅以考试成绩作为唯一录取依据的方式，而开始以多元化、多样化的标准选拔优秀人才。

第五节　日本国立大学复合型招生考试制度的
成效和存在的问题

从1979年起，日本国立大学开始正式实行由大学入学考试中心主持的国立大学共同第一次学力考试及由各国立大学分别举办的自主招生考试相结合的复合型招生考试制度。

一、日本国立大学复合型招生考试制度的建立

（一）建立了统一招生考试制度

第一，设立了专业的、独立的统一考试机构——大学入学考试中心。该中心全面负责统一考试的命题、组织、实施、研究等工作，使统一考试的质量得到了强有力的保证。第二，明确了统一考试的科目、考试内容，确保统一考试覆盖高中必修课的考试科目及其内容，题型难度适中，不但能够全面、客观地考查考生对高中阶段各门课程的学习情况和掌握程度，而且对高中教学水平进行了全面监测和把握。因此，统一考试不但有助于提高生源质量，而且有助于引导高中教育教学的正常发展。以统一考试为基础，各国立大学可结合本校特点及专业要求，有针对性地考查考生的学科的基础知识及接受专业教育的必备能力，从而进一步提高了人才选拔的科学性和有效性。

（二）各国立大学开展了多样化的自主招生考试改革

在国立大学共同第一次学力考试的基础上，各国立大学开展了多样化的自主招生考试改革。国立大学自主招生考试不但实行常规的学科考试，而且探索开展小论文考试及推荐入学制度相结合的方式以实现对考生的综合考查。其中，常规学科考试为各国立大学自主招生考试普遍采用。各国立大学可根据本大学及学部的特色和不同要求，自主确定考试科目及其内容，从而有针对性地选拔优秀考生。

二、日本国立大学复合型招生考试制度存在的问题

这一时期的日本国立大学招生考试制度改革取得了较大成就和进展。其中，最主要的成就是确立了全体国立大学统一考试——国立大学共同第一次学力考试，并在此基础上形成了以统一考试与大学自主招生考试相结合的复合型招生考试制度。然而，这一制度仍然存在着若干问题，主要体现在以下几个方面：

（一）统一考试题型单一

从1979年开始，由大学入学考试中心正式实施的国立大学统一考试的所有科目均采取了选择题的单一题型，没有简答、论述等主观题型。统一考试全部采取选择题的原因：一方面，便于计算机阅卷评分，能极大地提高阅卷的效率；另一方面，有助于对考试成绩客观性和公平性的追求。由于国立大学共同第一次学力考试是全国性的大规模考试，报考国立大学的全体考生要在同一时间接受同一试卷的考试并在一个月内参加各大学的自主招生考试，这就对统一考试的阅卷效率提出了很高的要求。在此情况下，统一考试所有科目题型均采取选择题的形式，这样既方便计算机快速阅卷，能够在短时间内集中处理大量试卷，又能够保证成绩准确无误。然而，单一的选择题型所获得的信息仅是知道考生的答案正确与否，难以考查考生给出答案的思考过程，存在着缺陷和弊端。

（二）考生负担过重

国立大学共同第一次学力考试涵盖日本高中的必修课程，即要求所有报考国立大学的考生必须参加五大学科七门科目的考试。对比当时日本私立大学普遍采取的三至四门科目的招生考试，报考国立大学的考生负担之重显而

易见。而且在参加完国立大学统一考试之后，考生还必须接受各国立大学单独实施的自主招生考试，这就给考生造成了"双重负担"。随着国立大学统一考试的实行，国立大学取消了Ⅰ、Ⅱ期分批考试制度，而统一进行考试。为了稳妥起见，考生在报考一所国立大学的同时还兼报私立大学，这无形中增加了广大考生的负担。

（三）国立大学地位差异显性化

日本国立大学因建校历史、地理位置、综合实力等方面的不同，其在广大考生中的受欢迎程度也不同。例如以东京大学、京都大学等为代表的日本名牌国立大学，一直都是考生竞相报考的热门大学。这些大学地处大城市，在考生心目中的地位普遍高于地方的国立大学。1979年的国立大学招生考试制度改革以前，各国立大学自行举办招生考试，入学考试题型的难易程度以及由此所体现出的地位差异并没有一个衡量标准。而在国立大学取消Ⅰ、Ⅱ期分批招生考试后，所有国立大学均采取统一考试对考生进行初次选拔，这意味着各国立大学开始在入学分数上拉开档次，有了明显的外在衡量标准。考生和社会各界对各国立大学的入学分数线关注度不断提高，并通过分数线的高低对各国立大学进行排名，这就使得各国立大学地位差异进一步显性化。考生也普遍将考试分数放在第一位，仅根据自己的考试成绩及大学的入学分数线选择大学，而不是以自己的特长、真正兴趣及理想报考大学。为了保险起见，考生往往放弃"想考进"的大学，而选择"能考进"的大学。考生与大学之间的关系，仅体现在考试分数高低及其所导致的地位差异上，这既不利于考生未来的发展和成长，又不利于各国立大学实现特色化发展和保持独立的学风传统及特色。

进入20世纪80年代中期，为应对日本经济、社会、教育发展中出现的新形势和新变化，日本以消除应试教育、促进个性化的创新型人才选拔及培养为导向，开始推进对国立大学招生考试制度的进一步改革。1985年，日本临时教育审议会公布了《关于教育改革的报告》。该报告明确提出"多方面评价考生，促进选拔方法及选拔标准的多样化"的大学招生考试方针。由此，日本国立大学复合型招生考试制度的多样化改革拉开了序幕。

第一节 日本国立大学复合型招生考试制度多样化改革的背景

20世纪80至90年代，日本的经济发展速度一直处于缓慢增长的状态。1983至1990年，日本经济平均增长率只有4%，1988年以后一直在3.5%左右徘徊。随着"泡沫经济"的崩溃，日本经济甚至出现了发展停滞乃至倒退的趋势。以制造业为中心的日本传统经济模式面临着严峻的危机和挑战。那么，如何摆脱当前的发展模式、创新驱动发展并开发出创造性的研究成果，成为日本经济产业界面对的重要问题。

一、经济产业转型发展需要个性化、创新型人才

为了改变现状，日本政府及经济产业界开始转变经济产业发展思路，终结由世界工厂走向世界研究所的发展目标，提出将高生产成本、低技术含量的生产制造业转移至国外，而重点发展研发型、服务型的创新型经济产业等目标。至此，日本政府确立了新的发展模式。经济产业模式的转型发展对高级人才的选拔条件提出了更新和更高的要求。那么，如何培养并选拔出个性化、创新型的人才成为支撑日本经济产业转型发展的关键。

二、接受高等教育的适龄人口不断减少

随着经济发展的增速放缓及生活成本的不断提高，日本社会生育率呈逐年走低态势。少年和儿童的人口数量不断减少，占总人口的比例不断下降，这就是备受日本社会各界关注和热议的"少子化"现象。以1980年及2000年的18岁以下少年和儿童的人口总数对比为例。1980年的少年和儿童的人口总数为2751.2万人，到2000年则减少到1869.4万人，比例减少达到32%。从少年和儿童人口总数占总人口数量的比例来看，"1980年的少年和儿童的人口总数占总人口数量的比例为23.55%，到2000年这一比例迅速减少至14.71%，20

年间下降了约8.84%"[1]。"少子化"现象，直接导致日本国内接受高等教育的18岁适龄人口总量不断减少，间接导致高素质人才匮乏，对日本高等教育的发展和大学招生考试制度改革带来了一系列影响。作为大学潜在生源的18岁人口数量不断减少，而大学的生源需求量却在增加，这使得大学开始面临严峻的生源危机。特别是国立大学，如何通过改革招生考试制度选拔出富有个性和创造力的优秀人才，成为亟待解决的重要问题。

三、日本教育的"宽松化"改革

日本经济产业转型发展及适龄人口的减少对日本的教育发展提出了新的挑战和要求，但也带来了机遇。过去的高中教育过于强调学生对知识的学习，并且通过统一、僵化的大学招生考试考查和评价考生对知识的掌握情况，这使得学生的学习目标异化为全力以赴地在大学招生考试中取得好成绩。这一现象既导致高中、初中乃至小学教育产生了严重的应试化倾向、学生学习负担及压力过大等负面问题，又忽视了学生身心健康成长和人格的全面发展，严重抑制了学生创新能力的发展和个性的培养。从长远来看，这种教育模式是难以适应今后经济社会的发展形势和需要的。在沉重的升学考试压力下，日本学校还产生了诸如校园暴力、学生旷课等一系列"教育荒废"问题。为解决这些问题，日本政府提出了建立宽松、自由的教育环境，促进学生个性发展、加强学生的自主学习和探索能力的培养等方面的新的教育改革理念和思路。

基于此，日本决定于1989年修订《高中学习指导纲要》，指出要以培养学生的创造能力和发展个性为主旨，大规模改革高中教育。政府通过采取精简高中学习内容、推动高中教育宽松化、多样化和个性化发展等系列措施来加强培养学生的自我学习意愿及自主思考、判断、表达等各项能力。由此可知，以往统一、僵化的国立大学招生考试制度已难以适应高中教育改革的需要，必须加以改革。

---

[1]石人炳.日本少子化及其对教育的影响［J］.人口学刊，2005(10): 47.

第二节　日本国立大学复合型招生考试制度
多样化改革政策的提出

20世纪80年代中期至90年代，日本临时教育审议会、大学审议会、中央教育审议会等组织针对大学招生考试制度展开了深入的调研活动，并提交了多份审议报告。这些调研活动及审议报告为这一时期日本国立大学招生考试制度改革提供了重要的理论指导。

一、与大学招生考试制度相关的审议报告

（一）《关于教育制度改革的报告》

1984年，日本自民党上台执政，在经济、社会及教育等领域进行了大刀阔斧式的改革。为大力推进教育领域的改革，日本政府专门设立了直接隶属于首相的教育咨询及审议机构——临时教育审议会。临时教育审议会就日本的各项教育制度改革进行了审议，先后提出了4份审议报告。这些报告对日本大学招生考试制度给予了充分的关注，并就此进行了深入的探讨。由此，临时教育审议会拉开了日本国立大学复合型招生考试制度改革的序幕。

1985年6月，临时教育审议会提交了《关于教育制度改革的报告》（以下简称《报告》）。《报告》认真分析了日本的教育制度及大学招生考试制度的现状，提出日本教育存在"以记忆力为中心，缺乏培养学生独立的判断能力和创造能力……所培养的人才往往缺乏个性，过于模式化"[1]等弊端；以及日本大学招生考试制度存在"只重视考试分数，有着依赖分数的客观性和公正性的强烈倾向……围绕大学招生考试问题形成了以标准偏差将考生及大学分为三、六、九等的情况，不仅影响了各大学的特色化发展，而且妨碍了学生身心健康发展"[2]等问题。根据以上弊端和问题，临时教育审议会提出了教育改革的基本原则——"重视个性"，并将改革大学招生考试制度作

---

[1]国家教委情报研究室.今日日本教育改革［M］.北京：北京工业大学出版社，1988: 3.
[2]国家教委情报研究室.今日日本教育改革［M］.北京：北京工业大学出版社，1988: 18.

为实现这一原则的突破口。《报告》还对日本大学招生考试制度提出了具体的改革建议。首先，应实行所有大学可以"自由选择"[1]的考试模式，大学应自主举办入学考试、选拔并录取具有个性的新生，即是否采用统一考试或以何种方式采用统一考试，应由各大学自行决定，甚至允许大学只选用一个科目进行考试；其次，要采取积极措施改变国立大学每年仅有一次报考机会的状况，在避免过去国立大学 I、II 期分批招生考试弊端的情况下扩大报考机会和途径；最后，应加强各大学同高中之间的联系与合作，强化对考生的升学指导教育，引导考生根据自己的能力、个性、理想选择合适的大学及专业。

总体来看，《报告》着重就大学招生考试制度改革展开了深入分析，并提出了具体的建议。日本其他审议会在《报告》的基础上展开了进一步讨论和研究。

（二）《关于大学教育的改善》

1987年，根据临时教育审议会的建议，文部省设立了大学审议会专门就日本的大学改革与发展问题展开审议和研究。特别是针对日本大学在加强教育及研究的高度化、个性化、活力化发展等方面展开了审议并提出了具体的改进措施。1990年2月，大学审议会提交了《关于大学教育的改善》的报告。该报告将日本大学复合型招生考试制度改革作为重点进行了深入分析并提出：日本各大学应根据自身的教育目标、特色及专业要求等方面对考生的能力和适应性进行综合评价，努力推进大学招生考试"选拔方法多样化、评价尺度多元化"的发展；应"改变目前招生考试中存在的传统的分数主义观念，应基于自主判断和创意，制定符合本校、学部及专业要求的招生考试政策，并在此基础上实现个性化和多样化的招生考试制度设计"[2]，以实现大学对个性化、创新型优秀人才的选拔。

（三）《应对新时代各项教育制度的改革》

在大学审议会开展审议并提交改革建议的同时，中央教育审议会也就日本大学复合型招生考试制度改革积极开展审议，并于1990年2月公布了《应对

---

[1]国家教委情报研究室.今日日本教育改革［M］.北京：北京工业大学出版社，1988: 29.
[2]大学审议会.关于大学教育的改善［EB/OL］.http://www.mext.go.jp/b_menu/shingi/old_chukyo/old_chukyo_index/toushin/1309479.htm, 2015-11-11.

新时代各项教育制度的改革》的报告。该报告在详细分析日本教育制度整体问题的基础上，就大学招生考试制度进行了分析和探讨，并进一步指出今后日本大学招生考试制度改革的方向：一是开发多元化的评价方法，避免单纯以分数进行选拔的方式，以实现对富有多样性及个性人才的甄别与选拔。为实现这一目标，应改变以少数名牌大学为顶端的大学地位的等级分化特点，应促进各大学的特色化发展，形成在相互竞争环境中的"多极型"高等教育体系结构。二是大力增加招生考试机会，推动大学招生考试向以多元化评价尺度、多方面判定考生能力和适应性的方向发展。三是改革僵化、统一的国立大学共同第一次学力考试，实行新的大学入学考试中心考试。各大学应遵循评价尺度多元化、多次化的原则及要求，实现对大学入学考试中心考试的多样化、弹性化利用。

综上所述，20世纪80年代中期以后，日本临时教育审议会、大学审议会、中央教育审议会分别就日本大学复合型招生考试制度改革进行了审议，并先后发布了多项报告，提出了促进日本教育向个性化、多样化方向发展的改革建议。其中，特别将日本大学招生考试制度作为改革的重点，应改变僵化模式的现状，推动大学招生考试制度向选拔方法多样化、评价基准多元化、考试机会多次化等方向发展。

二、文部省修订《大学入学者选拔实施大纲》

听从上述各级审议会所提交报告的建议，文部省于1990年修订了关于日本各大学招生考试的政策文件——《大学入学者选拔实施大纲》（以下简称《实施大纲》）。修订后的《实施大纲》提出，要以"大学入学考试中心考试"替代原有的"国立大学共同第一次学力考试"，并作为国家的统一考试。统一考试的主要目的，仍然是测试和判定考生对高中阶段基础知识的学习情况及掌握程度，以及判定考生是否具备接受大学教育的相应的学习能力及适应能力。同时提出，要对统一考试的使用方面进行彻底改革，不仅将统一考试的范围扩大到包括国立大学、公立大学及私立大学在内的日本所有大学，还允许各大学从自身实际出发，根据需要灵活使用大学考试中心考试，以期推动和实现大学对考生的个性化、多样化选拔。在对各大学自主招生考试基本方针的规定方面，要求各大学及学部基于自身教育理念及教育内容制定明确的招生方针及政策，努力促进选拔方法的多样化及评价尺度的多元化。而新型的大学入学考试中心考试作为统一的考试形式，不再对各国立大学的考试科目进行统一规定，而是允许各国立大学自主选择考试科目。与此同时，积极鼓励国立大学改革招生名额分配制度，改变一年一次考试机会的现状，通过招生名额的合理分组及分配等措施增加国立大学的招生考试机会。

由此可见，20世纪90年代以后，文部省进一步放宽了对国立大学招生考试制度的权限，赋予了其更为充分的招生自主权力，鼓励各大学根据其自身特点及情况发挥创意，探索更为个性化和多样化的选拔方式，从而实现其对富有个性和创新性的人才进行选拔。

第三节　日本国立大学统一考试的多样化改革

从1990年开始，日本国立大学招生考试——"国立大学共同第一次学力考试"正式变更为"大学入学考试中心考试"。至此，全体国立大学的招生考试，改为由大学入学考试中心主持的统一考试与各大学自主招生考试相结合的考试。与之前的国立大学共同第一次学力考试相比，大学入学考试中心考试在考试科目方面取消了硬性规定，允许各大学拥有充分的自由选择权和决定权。为了应对日本高中课程的多样化改革，大学入学考试中心考试的科目数量亦随之增加，供各大学选择的考试科目范围进一步扩大。

一、考试形式多样化

1990年1月，大学入学考试中心考试首次实施。与国立大学共同第一次学力考试相比，大学入学考试中心考试的范围由日本国立大学扩大至日本所有的大学。这一举措将日本的全部大学放在了同一平台展开竞争，有助于国立大学在竞争环境中实现更好的发展。各大学、学部及其专业可以根据自身的需要自主决定考试的学科及科目，既可以全部采用大学入学考试中心考试的各个学科及科目的考题，也可以部分选用大学入学考试中心考试的学科和科目，甚至可以要求考生接受大学入学考试中心考试中的一门学科或科目的考试，意图用特定的学科和科目考查学生特定的专业能力。

大学入学考试中心考试的实施，不但使各大学分别举办的自主考试拥有充分的决定权，而且各大学对考试学科及科目也拥有了很大的选择余地，即拥有了充分的考试自主权。大学入学考试中心考试，是对20世纪70年代开始实施的全体国立大学共同第一次学力考试的彻底改革之后的产物，改变了统一考试科目的固定、僵化模式，有助于各大学最大限度地多样化和弹性化选用考试科目，从而推动大学复合型招生考试制度的个性化和多样化发展。

二、考试科目范围扩大

大学入学考试中心考试采用了灵活化、弹性化的科目选择方案，允许各大学根据自身特点和需要自由指定考试科目，推动了日本大学复合型招生考试制度的多样化、个性化发展。随着20世纪90年代日本高中课程改革的全面展开和推进，文部省于1989年修订了《高中学习指导纲要》。大学入学考试中心根据高中合并或增加考试科目的情况，调整统一考试科目，进一步扩大了统一考试科目的选择范围。

如表4-1所示，此次课程改革是为了适应日本社会经济发展的新形势，培养学生丰富的个性、促进学生创新性发展。高中的学科和科目被进一步细化，根据学习内容范围、难易程度等分为"Ⅰ、Ⅱ"或"A、B"等不同的科目。此举措的目的是满足了不同学习程度及兴趣爱好学生的需要，力求推动高中课程的弹性化、个性化和多样化发展。

表4-1　1989年日本高中课程科目设置情况

学科	下设科目	学分
国语	国语Ⅰ	4
	国语Ⅱ	4
	国语表达	2
	现代文	4
	现代语	2
	古典Ⅰ	3
	古典Ⅱ	3
	古典讲读	2

学科	下设科目	学分
地理历史	世界史A	2
	世界史B	4
	日本史A	2
	日本史B	4
	地理A	2
	地理B	4
公民	现代社会	4
	伦理	2
	政治经济	2
数学	数学Ⅰ	4
	数学Ⅱ	3
	数学Ⅲ	3
	数学A	2
	数学B	2
	数学C	2
理科	综合理科	4
	物理Ⅰ	2
	物理Ⅱ	4
	化学Ⅰ	2
	化学Ⅱ	4
	地学Ⅰ	2
	地学Ⅱ	4
	生物Ⅰ	2
	生物Ⅱ	4
外语	英语Ⅰ	4
	英语Ⅱ	4
	英语会话A	2
	英语会话B	2
	英语会话C	2
	英语阅读	4
	英语写作	4

资料来源：雷树人.日本高中课程的改革（下）［J］.课程·教材·教法，1993(4): 56-64.

如表4-2所示，在科目设置上，大学入学考试中心考试采取了"必修科目"及"必修科目+选修科目"同时考查的方式，扩大了考试科目的选择范围，以供各大学根据自身特点和需要进行选择。变化最大的科目是"社会"科。1990年以后，"社会"科分为"地理、历史"及"公民"两大科，其中"地理、历史"分别设为"世界史A、世界史B、日本史A、日本史B，地理A、地理B"等科目。而理科中的物理、化学、生物、地学及数学科则分别设为"Ⅰ、Ⅱ"两类难度、学分数不同的科目，其中的"A类"和"Ⅰ类"科目内容相对浅显，对学分数要求较低，仅为2学分；而"B类"和"Ⅱ类"科目内容则较难，对学分数要求较高，为4学分。

表4-2　1990年日本大学入学考试中心考试科目

学科	考试科目	选择方式	考试时间（分钟）	分值
国语	国语Ⅰ	2选1	80	200
	国语Ⅰ+国语Ⅱ			
地理历史	世界史A	6选2	60	100
	世界史B			
	日本史A			
	日本史B			
	地理A			
	地理B			
公民	现代社会	3选1	60	100
	伦理			
	政治经济			
数学	数学Ⅰ	2选1	60	100
	数学Ⅰ+数学A			
	数学Ⅱ	2选1	60	100
	数学Ⅱ+数学B			
理科	综合理科	5选2	60	100
	物理Ⅰ			
	物理Ⅱ			
	生物Ⅰ			
	生物Ⅱ			

学科	考试科目	选择方式	考试时间 （分钟）	分值
理科	化学 Ⅰ	4选2	60	100
	化学 Ⅱ			
	地学 Ⅰ			
	地学 Ⅱ			
外语	英语	5选1	80	200
	德语			
	法语			
	汉语			
	韩语			

　　调整后的考试科目不仅涵盖了当时日本高中所开设的全部必修科目，部分选修科目也被纳入其中，对于同一学科难易程度不同的两类科目也被设为考试科目，以供各大学根据需要选择。这一举措进一步扩大了大学对统一考试科目的选择范围。值得一提的是，大学入学考试中心考试将外语及国语科目的考试内容进行了小幅度压缩，如调整和减少外语及国语两科考试的题量，将其考试时间由前一时期的100分钟缩减为80分钟，以达到减轻考生应试负担和压力的目的。

第四节　日本国立大学复合型自主招生考试多样化改革的成效和存在的问题

　　为扩大考生报考国立大学的机会，日本采取了将全体国立大学划分为Ⅰ、Ⅱ期分批进行考试的措施。1979年，随着国立大学共同第一次学力考试的正式实施，国立大学分批考试制度最终被取消。而全部国立大学在同一时间进行统一内容考试的措施，却导致考生减少了报考国立大学的机会，仅能报考一所国立大学。这一状况受到社会各界，特别是日本高中方面的强烈反对，要求国立大学方面增加考试机会的呼声不断高涨。

一、国立大学招生名额分配制度改革

20世纪80年代中期以后，为了使国立、公立大学考试机会多元化，国立大学协会决定在国立大学招生考试中实行"连续方式"的考试。具体做法是，将全体国立大学及学部组织的自主考试分为"A日程"和"B日程"两组。各国立大学及学部可自行决定是于A日程或B日程实施考试，方便考生于不同的日期报考两所大学及其学部。考生如果同时被两所大学录取，就可以自由选择其中一所办理入学手续。"连续方式"的考试制度，虽然与国立大学Ⅰ、Ⅱ期分批招生考试制度相似，但与之相比更加灵活，也使考生获得了更加充分的选择权力。

"连续方式"考试制度在实施过程中也产生了诸多新问题，其中最为突出的问题是，部分国立大学招生名额不稳定。如果考生两组考试均达到所报考大学的要求，那么选择其中一所就意味着放弃另一所，结果导致部分国立大学出现缺额现象。以1990年日本国立大学的招生考试结果为例，仅当年就有埼玉大学、静冈大学、弘前大学、神户大学、山形大学等产生了300人以上的缺额。为解决这一问题，1991年4月中央教育审议会提交了关于《应对新时代各项教育制度的改革》的报告。该报告提出考试制度中应"导入大学多元评价尺度"，国立大学在开展大学招生考试多元化标准及方式改革的同时，应进一步改革其名额分配制度，即实行国立大学"分离、分割方式"的考试。所谓的"分离、分割方式"的考试，是指各国立大学及其学部将自身的招生名额按一定比例进行"分割"，并将之"分离"为"前期日程、后期日程"[1]两部。考生可根据以不同的考试标准及形式分别在前期日程和后期日程进行考试。与"连续方式"考试相比，招生名额的"分离、分割方式"的考试，使考生获得了对于同一所国立大学的同一学部先后两次考试的机会。对于国立大学来说，同一学部通过采取两次前期、后期日程不同的考试标准及方式进行考试，更有助于其招收多元化、个性化的学生。"分离、分割方式"的考试，既增加了考生报考国立大学的途径和机会，又促进了国立大学各学部招生考试的多样化、多元化发展。这一制度一直延续至今。

---

[1]中井浩一.大学入学考试的战后史：从应试地狱到全入时代［M］.东京：中央公论新社，2007：112.

二、AO招生方式的兴起

AO招生方式源自美国，是美国各类大学在其招生考试中所采取的主要方式。这种招生方式重在审核考生材料，强调对考生的面试或口试，主要是对考生的知识、能力、个性等方面进行全面和深入的考查。AO招生方式要求考生提交多项报考材料，包括考生的报考志愿书、高中调查书、个人自述等材料。大学方面专门成立招生办公室对考生提交的报考材料进行审核。审核通过后，大学再对考生进行面试或口试，最后结合考试成绩对考生综合评价，根据评价结果决定是否录取考生。日本大学的AO招生方式始于其著名私立大学——庆应大学的湘南藤泽分校。1990年，庆应大学湘南藤泽分校提出不在其当年的招生考试中实行传统学科考试，而采取AO招生方式，即通过考生提交的报考材料及面试进行选拔。庆应大学湘南藤泽分校的AO招生方式，即在选拔个性化、多样化的考生方面获得了极大的成功。这种招生方式引起了日本社会各界的广泛瞩目。20世纪90年代以后，随着日本国立大学复合型招生考试制度多样化改革的不断推进，中央教育审议会及大学审议会纷纷就AO招生考试制度展开审议，并提出相关改革报告。例如，1997年6月，在日本第16届中央教育审议会提交给文部省的《展望21世纪我国教育的理想状态（第二次报告）》中提出，今后要"深入研究外国大学招生考试制度，以其具体事例为模型，研究构建日本独自的AO招生考试体系，充实日本AO招生考试"[1]。2000年6月，大学审议会在《关于改善大学入学考试》的报告中提出，"适当、顺利地推进AO招生方式，并将之作为大学入学考试多样化改革政策的方针"[2]而全面大力推广。在以上方针政策的指导下，日本国立大学中的筑波大学、九州大学、东北大学率先实施AO招生方式。进入21世纪以来，AO招生方式推广至多所国立大学。大学招生考试中引入AO招生方式的国立大学不断增多，使得AO招生方式发展成为大学招生考试制度的重要组成部分。根据文部省的调查，"2002年日本共有12所国立大学实施了AO招生方

[1]中央教育审议会.展望21世纪我国教育的理想状态的第二次报告［EB/OL］.http://www.mext.go.jp/b_menu/shingi/old_chukyo/old_chukyo_index/toushin/1309492.htm, 2015−11−11.
[2]大学审议会. 关于改善大学入学考试［EB/OL］.http://www.mext.go.jp/b_menu/shingi/old_chukyo/old_chukyo_index/toushin/1985937.htm, 2015−11−11.

式；2011年有47所国立大学（占国立大学总数的57.7%）将AO招生方式作为选拔学生的方式之一"[1]。

现以日本东北大学为例，深入考察其AO招生方式的实施状况。东北大学是率先实施AO招生方式的国立大学。经过长期的实践和探索，东北大学AO招生方式形成了较为完善的实施方式和运作体系。首先，东北大学将其AO招生方式的基本指导方针规定为：一是以各学部为单位，由各学部根据学科专业的特点及要求自行确定AO招生方式的内容及标准；二是大学招生办公室与各学部相互合作、共同负责AO招生方式；三是实施AO招生方式时，注意区别其与推荐入学及其他考试方式的异同，而着重关注考生笔试之外的多其他方面，在确保考生具备基本学力的前提下，选拔出学习意愿强烈、真正适合本学部专业的考生。由此可见，东北大学AO招生方式基本上是以各学部为单位实施的，能充分体现出各学部及专业的特定招生要求。东北大学工学部AO招生方式的理念为选拔具有"丰富的个性、才能，良好的学习热情和意愿及扎实的学力"[2]的优秀考生做了充足的准备。具体流程：一是考生需通过指定科目的中心考试。考生成绩达到合格后，可向该学部报名参加AO招生方式。二是考生要向大学招生办公室提交报考志愿书、高中调查书及其撰写的大学专业学习或研究计划等报考材料以供审核。考生在提交的材料通过审核后，会收到面试通知。三是面试考官要针对考生的个性、学力及意愿、问题意识、专业适应性等方面进行综合、全面考察，并决定是否录取考生。面试考官由大学招生办公室招生专员及学部相关教授担任。

与传统学科考试偏重于考试分数、难以综合全面地考查考生、具有较大的片面性和单调性相比，AO招生方式不但重视考生的考试成绩，而且重视考生的思维、表达及撰写材料等方面的能力，能够实现大学对考生学习状况、能力、个人专长、个性等方面的综合考察和评价，因而有学科考试所不具备的优势。与推荐入学方式相比，AO招生方式也要求考生提供高中调查书，将高中学习成绩纳入考查范围。但两者最大的不同在于，AO招生方式取消了

[1] 文部省.平成23年度入学者选拔实施状况概要.［EB/OL］.http://www.mext.go.jp/b_menu/shingi/old_chukyo/old_chukyo_index/toushin/16376262.htm, 2015-11-11.
[2] 夏目达也.东北大学齿、工学部的AO入学考试［J］.东北大学高等教育开发推进中心纪要，2006(3): 15.

高中方面的推荐名额，给予考生更多的自荐和报考机会。通过撰写详细的报考志愿书、大学学习计划书等各种报考材料，考生可以充分地展现自己的个性特征。通过大学招生办公室招生专员与学部教授相互合作、共同负责的面试，大学及学部与考生的沟通和交流进一步加强，这一举措不但有助于考生充分展现自己的全面能力与综合素质，以便大学及其学部方面能够对其进行深入考察和评价；而且方便学生了解大学及其学部的专业设置，从而增进了大学、学部与考生之间的相互了解和双向选择。

三、大学与高中合作活动的开展

20世纪90年代以后，随着日本"少子化"现象的加剧，日本就学适龄人口呈现出逐年减少的态势，使得大学生源数量少及质量差的问题露出端倪。各国立大学一方面通过建立多样化的选拔方式，最大化地选拔优秀人才；另一方面，通过与高中开展多种形式的合作，可以加强和高中的联系，同时积极宣传自身的教育及研究特色，从而吸引更多的优质生源。各国立大学与高中的合作模式大致可分为两种类型：一是国立大学积极"走出去"，到高中举办招生说明会和开展各种讲座，积极宣传本校的招生政策、介绍本校学科与专业设置的特点。二是国立大学积极"引进来"，举办体验入学、开放校园等活动，邀请高中生提前入学，加强其对本校及各学部了解和认识。

以日本广岛大学为例，通过对广岛大学与本地区高中合作开展的"模拟大学"及"升学学习研讨班"等活动进行深入探讨，我们重点考察大学与高中之间的合作及交流模式。

"模拟大学"是广岛大学利用周末及假日时间与本地区高中合作开展的交流活动。该活动主要采取教师交流和集中授课两种形式：一是与高中老师交流。通过定期举办教师交流恳谈会，大学教师深入高中教学一线，了解高中教育实际水平及学生的学习情况、兴趣爱好、个性特征等，并反馈至本大学的招生事务部，从而使本大学在招生考试的设计及实施等工作更具针对性。二是部分大学教师深入高中课堂进行集中授课，既介绍本大学的专业及其特色，又讲解大学专业课程的入门内容，并根据学生的能力、特长等进行专项指导。"模拟大学"活动取得了良好的效果，高中和大学都认为此举是难得的交流机会。在这一活动广泛开展的基础上，广岛大学还举办了"升学学习研讨班"。研讨班以广岛大学各学部为单位进行研讨，将各学科专业课程划分为自然科学、社会科学、人文科学、国际学、教育学等。广岛大学还邀请本地区各高中的优秀学生根据自己的兴趣报名参加相应的研讨班，通过读书、讨论、实验、实践等方式开展学习活动。活动结束后，学生提交报告或论文。这一活动也多在周末或假期举办，"旨在增进考生对大学各专业课程内容及教学方式的了解，强化考生对大学学习所需专业知识和基础理论的认识，提高考生参加大学招生面试的应试能力等"[1]。

上述大学与高中合作活动的开展，既利于大学充分展现自身的教育及研究特色，极大地丰富了学生的学习内容、开阔了学生的视野；又增进了大学与高中及其学生之间的相互了解和联系，为考生提前了解和适应大学的学习生活打下了良好的基础。

第五节　日本国立大学复合型招生考试制度多样化改革的成效和存在的问题

20世纪90年代后，为适应社会经济发展出现的新形势和新要求，日本国立大学对招生考试制度进行了深入、彻底的改革。其中，最为突出的是实行了新的统一考试——大学入学考试中心考试。该考试不但涵盖包括国立大学在内的日本全体大学，而且通过扩大考试科目的选择范围及采用多样化、弹性化利用方式等措施，实现了大学对统一考试的多样选择及弹性利用，进一步扩大了大学招生考试自主权力。通过引导和鼓励大学积极探索AO招生方式，日本政府推动大学招生考试评价基准的多元化、选拔方式的多样化发展。在进行上述改革的同时，各国立大学还就招生名额分配制度开展了积极探索，先后实行了"连续方式"的考试和"分离、分割方式"的考试，以不断增加和扩大考生进入国立大学的机会和途径。

---

[1]王丽燕.21世纪以来日本推进高大合作的经验及其启示［J］.外国中小学教育，2016(3): 8.

一、国立大学复合型招生考试制度多样化改革的成效

（一）扩大了招生考试自主权力

1990年，日本大学开始正式采用大学入学考试中心考试作为统一考试。与国立大学共同第一次学力考试不同，大学入学考试中心考试取消了对考试科目"一刀切"的硬性和僵化规定，允许各大学基于自身教育理念及招生要求自主选择考试科目、确定招生考试具体方案。这一改革不仅扩大了各大学的招生考试自主权，还淡化了因统一考试造成的大学地位差异的问题。各大学因此能积极发挥主观能动性，能仔细考虑和制订适合本大学的招生方针及政策，从而选拔了真正适合本大学的优秀学生。与此同时，各大学在掌握了充分的招生考试自主权后，还可以自主设计和开发多样化考试方法及形式，这有助于推动各大学的特色化、个性化发展。

（二）选拔方式更加多样化

在对统一考试进行多样化、弹性化利用方式改革的同时，日本各国立大学还积极探索和推进本大学的自主招生考试方式改革。其中，AO招生方式的兴起及使用范围的扩大成为这一时期改革的突出成就。大学方面通过实行AO招生方式可以针对考生的学习、能力、个性等进行更深入地全面了解和考察，通过考生撰写并提交的详细的报考申请书等书面材料，可以了解考生对要报考大学及学科专业的学习愿望、动机及目的。材料审核通过后，大学要对考生进行面试、口试等来加强与考生之间的接触与交流，以增进双方的了解。基于此，大学方面既能够更加仔细地考查考生的综合能力和素质，又可以就此了解考生在高中的学习、活动等方面的情况。因此，AO招生方式的兴起和使用范围的扩大，促进了日本国立大学招生考试选拔方式的多样化。

（三）考试机会不断增多

随着日本国立大学复合型招生考试制度的多样化改革，国立大学的考试机会多次化被提上讨论日程。如何在避免重蹈国立大学分批招生考试覆辙的基础上，实现考试机会多次化成为国立大学亟待解决的重要问题。为此，国立大学先后进行了"连续方式"的考试及"分离、分割方式"的考试的探索和尝试，并将后者作为实现考试机会多次化和合理化发展的最佳方式而实行至今。"分离、分割方式"的考试，通过将同一学部的招生名额按照一定比

例进行分割，并先后以不同的形式和内容实施考试，使通过同一学部采取多种方式和标准选拔考生，从而实现大学对个性化人才的选拔。因此，"分离、分割方式"的考试推进了国立大学招生考试机会的多次化和合理化。

二、国立大学复合型招生考试制度多样化改革存在的问题

（一）题型单一

大学入学考试中心考试扩大了考试科目的范围，将高中选修科目纳入考试科目，最大限度地促进了考试利用方式的自由化、个性化发展。但是，所有科目考试的题型依然是单一的客观选择题。如何改革统一考试的题型，促进其多样化发展，同时实现考试科学性与高效性的统筹兼顾，成为摆在日本大学招生考试制度改革面前的一个难题。

（二）考生行为烦琐

随着大学入学考试中心考试开展多样化改革，各大学开始根据自身特点及要求自主确定考试科目，并进行相应的考试科目组合。基于此，考生报考某一所大学时就需要提前搜集并掌握该大学的考试科目及其相关信息；如果还要报考其他大学，就需要同时掌握更多大学的考试科目及考试日程安排。大学入学考试中心考试科目划分过细过泛，且将诸多高中选修科目纳入考试科目，这就要求考生在日常学习中还必须充分考虑自己的报考志愿，且经常关注考试科目的变动情况，使考生为了报考大学而变得日常行为烦琐。

日本国立大学复合型招生考试制度对我国的启示

　　大学招生考试下接高中、上承大学，是衔接两者的关键环节，不但对高中及其下一阶段教育发挥着不容忽视的"指挥棒"作用，而且对大学教育产生了深远的影响。从国民教育制度整体来看，日本国立大学复合型招生考试制度发挥的作用和占据的地位都是十分重要且不可替代的。纵观世界各国教育发展的历程，各个国家都非常重视大学招生考试制度改革，并将其放在重要的位置。日本将大学招生考试制度改革视为教育制度改革的重中之重而不断推进。

近年来，随着教育事业的迅猛发展，我国大学招生考试制度也面临着许多新的问题和挑战。针对这些问题和挑战，党和国家加快了改革大学招生考试制度的步伐并出台了一系列相关的法律法规。2010年，教育部发布了《国家中长期教育改革和发展规划纲要（2010—2020年）》（以下简称《规划纲要》），其中明确提出，要"以考试招生制度改革为突破口，克服'一考定终身'的弊端；按照有利于科学选拔人才、促进学生健康发展、维护社会公平的原则，深化考试内容和形式改革，保证国家考试的科学性、导向性和规范性；建立健全有利于专门人才、创新人才选拔的多元录取机制"。2014年9月，国务院发布了《关于深化考试招生制度改革的实施意见》（以下简称《实施意见》），进一步明确了"建立中国特色现代教育考试招生制度，改革考试及招生录取机制，形成分类考试、综合评价、多元录取的考试招生模式"的要求。

由此，我国正式启动了面向未来的新一轮大学招生考试制度改革。为了实现《规划纲要》和《实施意见》提出的各项目标任务，我们需要结合国情实际进行探索，并在此基础上借鉴其他国家的成功经验，特别是日本国立大学招生考试制度改革的有关经验，取长补短，实现先进经验和本土创新的最佳结合，从而走出一条符合本国国情的大学招生考试制度改革与建设之路，进而构建具有中国特色的大学招生考试制度。

一、加强考试科学研究，提高大学招生考试决策的科学性

大学招生考试制度事关考生的切身利益，每一个细节及其具体措施都会造成"牵一发而动全身"的影响。因此，加强大学招生考试科学研究，不断提高招生考试决策的科学性，成为大学招生考试制度改革的重要课题。

纵观日本国立大学招生考试制度的发展历程。由于招生考试相关研究不足、准备仓促，日本政府建立国立大学统一招生考试制度的两次探索——"大学升学适应性考试"及"能力开发研究所考试"均以失败告终。此后，日本政府总结经验、吸取教训，从20世纪60年代末开始组织高中校长协会、

中央教育审议会、国立大学协会及文部省专门组织的大学入学者选拔改革会议等团体，专门就大学招生考试开展多方讨论和研究，通过引导社会各界参与及公开研究讨论，最后达成改革共识。到1979年国立大学统一考试——国立大学共同第一次学力考试正式实施，这一研究过程长达近十年。1990年以后实施的大学入学考试中心考试在临时教育审议会、大学审议会、中央教育审议会及国立大学协会等进行多方审议和讨论研究的基础上得到了推进。

近年来，我国大力推动大学招生考试制度改革。这一改革与考生多方利益密切相关，所带来的影响是巨大的。因此，我国大学招生考试制度改革更需要加强与招生考试相关的科学研究和论证，将研究成果转化为方针政策，以提高其科学性和合理性。

二、设立考试机构，强化命题管理

随着大学与社会联系得日益紧密，大学招生考试涉及面广、影响程度深，越来越呈现出公共性和社会性的特点。不断提高统一考试的科学性和权威性，则成为大学招生考试制度改革的重中之重。

通过分析日本国立大学招生考试制度的改革历程，我们发现日本始终将统一考试改革作为招生考试制度改革的重点。20世纪70年代以后，随着日本社会各界对建立统一考试的呼声和要求的不断提高，日本政府设立了独立行政法人性质的统一考试机构——大学入学考试中心。该中心自设立起运营至今，已有四十余年的历史。为保证统一考试内容、标准的明确化和规范化、加强统一考试的权威性和科学性，日本大学入学考试中心从全国范围内遴选专家组成命题委员会进行命题，并且通过定期换届、按一定比例改选命题委员的方式来避免命题出现僵化现象。

目前，我国高考命题及管理制度实行的是国家统一与各省单独命题及管理相结合的方式。其中，各省单独命题及管理制度源于对考试安全的考量，"担心造成全国性的公共安全事件，而引发的重大高考管理体制改革"[1]。这种考试命题及其管理方式具备一定的优点，也存在着较大弊端。首先，这种管理方式并不能完全保证高考的命题及管理安全，还有可能导致考试风险

---

[1] 刘海峰，谷振宇.小事件引发大改革：高考分省命题的由来与走向［J］.河北师范大学学报（教育科学版），2012(5): 16.

的分散并扩大化。其次，分省命题成本较高，且各省命题质量不一，不具等值性和可比性，这就削弱了统一考试的科学性和权威性。但统一考试确实肩负着考查考生高中学业水平、把关考生生源质量、为大学录取新生提供依据的任务，还兼具为高中教学提供共同标准尺度，促进高中教育质量的全面提高和高中教学水平的总体把握等重要功能。因此，我国目前推行的高考制度"不应取消统一考试，都走分省统考之路"，"而应在坚持统一高考的前提下改进统一考试内容和形式"[1]。借鉴日本国立大学统一招生考试的命题及管理经验，我国应设立独立的、专业化运作的国家教育考试机构，通过组织各科目命题专家委员会的方式强化统一考试的命题、实施及其管理，确保统一考试内容及标准的明确化和规范化，从而保证统一考试的权威性和科学性，为大学选拔录取新生提供可靠的依据。

三、扩大大学招生考试自主权，促进大学考试制度的多样化发展

日本国立大学招生考试是国家统一考试与大学自主考试相结合的复合型招生考试制度。在国家统一考试的基础上，日本政府赋予了各大学充分的招生考试自主权，有效实现了兼顾国家统一考试与大学自主考试的模式。在国家统一考试考查考生的基本学力及基础知识掌握情况的基础上，各大学的自主招生考试进一步考查考生接受大学教育必备的学科知识及专业能力。进入20世纪90年代以后，日本国立大学招生考试制度进行了多样化改革。国家统一考试取消了关于考试科目方面的硬性指标和僵化规定，允许各大学基于自身特色和发展需要自主确定考试科目。各大学根据自身的教育及招生理念，自主设计包括统一考试在内的招生考试，以实现对考生个性化、多样化的考查和选拔。在相互竞争的环境中，"金字塔"型的高等教育结构通过改革形成了"多极化"发展的良好态势，有效地避免了全体大学的均质化、同一化发展的弊端。因此，可以说大学招生考试制度的多样化发展是实现大学教育多样化发展的第一步。

就我国目前的情况来讲，在建设创新型社会的大背景和大趋势下，我国

---

[1] 刘海峰.论坚持统一高考的必要性［J］.中国考试，1997(10): 29.

高等教育亟须打破整齐划一、缺乏活力的发展局面，加快推进大学的特色化和个性化发展。而大学的特色化和个性化发展的突破口，就是改革招生考试制度，赋予各大学充分的招生考试自主权。长期以来，由于过度强调招生考试的统一性和权威性，我国目前仍然是"一考定胜负"式的招生考试制度，这无疑极大地制约我国大学创新型人才的培养和办学的特色化发展。从2003年起开始，教育部试点推行大学自主招生考试制度，但实施自主招生的大学仅限于若干所国家重点大学，并未普及，且实施自主招生考试的大学数量、总体招生规模和比例均处于较低状态。基于此，我国应在统一考试的基础上赋予各大学充分的招生自主权，并允许各大学及其学科专业根据自身特点及需要自主确定招生要求和标准、自主设计考试内容和考试形式，以充分发挥其自身的办学特色和专业优势，吸引和招收更适合的学生。同时，鼓励各大学形成招生考试竞争状态，使我国大学整体形成多极化结构体系，从而实现我国高等教育的健康发展。

四、改变单一的学科考试选拔方式，促进其多样化发展

随着日本高等教育由精英化向大众化、普及化阶段发展，日本国立大学也在适应高等教育发展的过程中不断推进招生选拔方式的改革。由偏重学科考试的单一选拔方式向常规学科考试、推荐入学、AO招生方式并存的多样化选拔方式发展。这些选拔方式中，既有传统的以分数为主要录取依据的常规学科考试；又有不偏重考试分数，主要通过高中推荐及对考生所提交的报考材料进行审查，同时通过面试对学生的学习兴趣、综合能力及知识面等进行综合考查的非学科考试。这种选拔方式有助于增进大学与考生之间的双向了解。因此，多元化、多样化的选拔方式也越来越成为日本国立大学招生考试改革的重要方向。

为确保考试的绝对公平和权威，我国目前的高考选拔方式仍采取单一的笔试考试，而尚未采取面试、讨论、课题报告及论文考试等多元化的评价及选拔方式。笔试考试能检测考生对书本知识的掌握情况，却难以考查考生的综合素质、发展潜力、性格特征、学习意识等方面的情况。这种单一化的选拔方式很难实现对多样化、个性化的考生进行评价和考查。而随着我国高等教育向大众化、普及化阶段的迈进，高校招生条件除了重视考生高中基本学

力，还看重考生的高等教育适应能力、创新能力。与之相适应，采取多元化的选拔方式也将成为我国高考制度改革的方向。因此，我国应不断扩大大学自主招生比例及其覆盖面，使自主招生考试逐渐发展成为我国高考制度的重要组成部分；应通过建立统、分结合的考试制度，进一步赋予大学在普通考试招生中的自主权，以落实和强化大学在招生考试中的主体地位；应允许各大学及院系自主制定紧扣办学目的招生政策，根据自身办学理念及招生需要自主设计和确定招生考试方案及标准，形成统一考试基础上的自主选拔录取机制，从而实现大学教育的良性发展。

五、改革招生名额分配制度，增加考生考试及录取机会

招生名额分配制度是大学招生考试制度的重要组成部分，与考生密切相关，应与各大学自主招生考试改革同步进行。20世纪80年代中期以后，随着日本国立大学复合型招生考试制度的多样化改革，招生名额分配制度亦不断改革，先后形成了"连续方式"的考试及"分离、分割方式"的考试，并最终确立了对同一所大学同一学部招生名额按比例分割，从而实现对不同类型和个性考生的选拔。由此，考生不但可以实现先后两次获得报考同一所大学及其学部的机会，而且在考试时间不冲突的情况下还可以报考其他国立大学。由此看来，招生名额分配制度，不但有利于各高校建立多种选拔形式，而且能增加考生的入学机会。

六、开展大学、高中合作活动，增进双方的深入了解

随着高等教育的不断发展和考生升学率的不断攀升，大学正逐步由大众化向普及化阶段迈进。与之相适应，大学招生考试由单一的选拔功能向选拔、教育衔接功能并重的方向发展，大学也应由单方面选拔考生向大学与考生的双向选择方向转变。这些转变客观上对大学教育及其招生考试制度改革提出了相应的要求，即为吸引优质生源、提高竞争力，大学教育必须走高水平、特色化发展道路，以求在激烈的竞争环境中立足并发展。日本各大学在推进大学招生考试制度向多样化、个性化方向发展的同时，也通过积极开展招生宣讲说明会、举办和普及学术讲座、开放大学校园和课堂等多种方式，广泛开展与高中的合作活动。这些合作活动不但极大地增进了大学与高中方

面的相互了解和沟通，而且促进了考生由高中教育向大学教育的顺利过渡。

　　未来，大学不再是独善其身的"象牙塔"，而越来越需要主动"走出去"，向社会各界、广大考生大力宣传自身的教育理念，充分展现自身的教育特色，不断扩大自身的影响力和吸引力。特别是应大力推进和开展大学与高中的交流和合作活动，结合所在地区大学及高中的实际情况，将大学相关学科专业与高中进行对接，以增进考生对大学的了解和认识。此举不仅是大学招生考试制度的改革与完善，还是人才培养改革的突破口。大学与高中合作活动的广泛开展，有助于考生根据自己的理想选择所要报考的大学和专业，从而避免选择大学及专业时陷入被动和盲目的局面。

附录：日本各国立大学简介[1]

1. 北海道地区（7所）

（1）北海道大学（Hokkaido University）

简称"北大"，创立于1876年，位于北海道札幌市内，是日本著名的国立综合性研究型大学之一。其前身为日本最早的高等教育机构之一——札幌农学校。该校于1907年被设立为东北帝国大学附属农科大学；1918年更名为"北海道帝国大学"，成为战前日本所设七所旧制帝国大学中的第四所帝国大学。1947年，北海道帝国大学更名为北海道大学。目前共设有文学、法学、教育学、经济学、理学、工学、农学、医学、齿学、药学、兽医学、水产学12个学部以及文学、教育学、法学、理学、工学、医学、齿学、保健科学、农学、兽医学、环境（地球）科学、综合化学、生命科学13个研究科，其中，工学（应用物理学、材料科学、机械宇宙工学）、农学、兽医学等专业为其优势学科和特色专业。此外，设有国际传媒与观光学、信息科学、公共政策学、会计、法科等独立研究科。

（2）北海道教育大学（Hokkaido University of Education）

简称"北教大"，位于北海道札幌市，设立于1949年。由日本旧制北海道第一师范学校（札幌）、北海道第二师范学校（函馆）、北海道第三师范学校（旭川）、北海道青年师范学校（岩见泽）四所师范学校改组合并，成立初期名为新制北海道学艺大学。1966年更名为北海道教育大学。北海道教育大学是一所仅拥有教育学部的单科大学，本科生学部下设教师培养、人文-地域科学、国际-地域、艺术-体育文化、艺术教育、体育教育5个专业，

---

[1] 本附录中的日本国立大学名录以日本国立大学协会2019年公布的《国立大学概要》（https://www.janu.jp/univ/gaiyou）为准。其中，校名前带*者为研究生院大学，仅招收研究生。

其中，教师培养为其主要学科和特色专业。研究生教育方面，设有学校教育、学科教学、护理教育、学校临床心理4个研究科，还设有独立的"高度教职实践"专业研究生学位课程。

（3）室兰工业大学（Muroran Institute of Technology）

简称"室兰工大"，位于北海道重要工业城市——室兰市，是日本5所国立工业大学之一。其前身为1887年设立的札幌农学校工学科，1939年独立升格为室兰高等工业学校，1944年更名为室兰工业专门学校。1949年，室兰工业专门学校与北海道大学附属土木专业部合并，升格为室兰工业大学。本科生教育方面，目前设有土木工程及建筑学、航空机械制造、应用物理化学、电子信息工程4个专业；研究生教育方面，设有环境工程学、生产系统工程学、电子信息工程学3个研究科。

（4）小樽商科大学（Otaru University of Commerce）

简称"小樽商大"，位于北海道小樽市。其前身是1910年设立的小樽高等商业学校，1944年更名为小樽经济专门学校，1949年改称为小樽商科大学。目前仅设商学部及商学研究科，其中商学部设有经济学、商学、企业法学、社会情报学4个专业；商学研究科设有创业学、现代商学2个研究方向。

（5）带广畜产大学（Obihiro University of Agriculture and Veterinary Medicine）

位于北海道粮食生产基地——带广市。其前身为1941年设立的带广高等兽医学校，1944年更名为带广兽医畜产专门学校，1946年改称带广农业专门学校，1949年升格为带广畜产大学。带广畜产大学是日本国立大学中唯一一所以兽医及农畜产学为主的单科大学，目前仅设畜产学部及畜产学研究科。其中，畜产学部设有兽医学、畜产学、农业环境工程、生物资源、食品科学、农业经济学、植物生产科学等7个专业；畜产学研究科设有畜产生命科学、食品科学、资源环境农学3个研究方向。此外，还与日本岐阜大学联合开设"兽医学"研究科，与日本岩手大学联合开设了农学研究科。

（6）旭川医科大学（Asahikawa Medical University）

简称"旭川医大"，位于北海道旭川市。1973年设立，是日本新设立的医科大学之一。目前旭川医科大学仅设医学部，下设基础医学、临床医学、护理学3个专业；上设医学研究科，设护理学及基础医学2个研究方向。

（7）*北见工业大学（Kitami Institute of Technology）

简称"北见工大"，位于北海道北见市。其前身为1960年设立的北见工业短期大学，1966年升格为北见工业大学。目前仅设工学部及工学研究科，工学部下设机械工程、电子电气工程、信息系统工程、生物环境化学、材料工程、社会环境工程6个专业，工学研究科下设生产基础工程、极寒环境与能源工程、医疗工程等研究方向。

2. 东北地区（7所）

（1）东北大学（Tohoku University）

位于宫城县仙台市，现为日本著名国立研究型综合性大学。其前身是1907年设立的东北帝国大学，是日本继东京帝国大学、京都帝国大学之后设立的第三所帝国大学。1947年，东北帝国大学合并日本旧制第二高等学校、仙台工业专业学校、宫城师范学校、宫城青年师范学校，并正式更名为东北大学。现设有文学部、法学部、教育学部、经济学部、理学部、工学部、医学部、齿学部、药学部、农学部10个学部，文学、法学、教育学、经济学、理学、工学、农学、医学、齿学、药学10个研究科，国际文化、信息科学、生命科学、环境科学、教育信息学、医学系统工学等独立研究科，以及法律、公共政策、会计3个专业学位研究生院。此外，附属有金属材料、老龄医学、流体科学、电气通信、多元物质科学、灾害科学国际研究所，以及遗传学研究中心、大型计算中心2个日本全国共同利用设施。

（2）宫城教育大学（Miyagi University of Education）

位于宫城县仙台市。1965年由日本东北大学教育学部分离而设，现为日本11所国立教师培养大学之一。目前仅设教育学部及研究生院，下设初等教育教师培养、中等教育教师培养、特殊教育教师培养3个专业，开设本科至研究生课程。此外，独立设有教育专业学位研究生院。

（3）弘前大学（Hirosaki University）

位于青森县弘前市。1949年由日本旧制弘前高等学校、青森师范学校、青森青年师范学校、青森医学专门学校、弘前医科大学改组合并组建。现设有人文社会科学学部、教育学部、医学部（医学科及保健学科）、理工学部、农学及生命科学学部5个学部，其中教育学部为其优势和特色学部。在各学部基础上设有人文社会科学、教育学、医学、保健学、理工学、农学及生命科学、地域社会7个研究科，同时与日本岩手大学联合开设了农学研究科。

（4）岩手大学（Iwate University）

位于岩手县盛冈市。前身为1876年设立的盛冈师范学校，1949年由日本旧制岩手师范学校、岩手青年师范学校、盛冈农林专门学校（盛冈高等农林学校）、盛冈工业专门学校（盛冈高等工业学校）合并组建。现设人文社会科学部、教育学部、理工学部、农学部4个学部，以及人文社会科学、教育学、工学、农学4个研究科。此外，还与日本其他大学合作开设联合农学、兽医学研究科。

（5）秋田大学（Akita University）

位于秋田县秋田市。1949年由日本旧制秋田师范学校、秋田青年师范学校、秋田矿山专门学校合并组建。目前共设有国际资源学部、教育文化学部、理工学部、医学部4个学部，以及国际资源学、教育学、理工学、医学4个研究科。

（6）山形大学（Yamagata University）

位于山形县山形市。1949年由日本旧制山形高等学校、山形师范学校、山形青年师范学校、米泽工业专门学校、山形县立农林专门学校合并组建。设立初期仅设文理学部、教育学部、工学部、农学部。目前设有基础教育院（基盘教育院）及人文学部、地域教育文化学部、理学部、工学部、医学部、农学部6个学部，以及社会文化系统、地域教育文化、医学、农学、理工学、有机材料系统、教育实践7个研究科。其中，基础教育院是对本科新生实施通识教育的组织机构，为山形大学教育特色。

（7）福岛大学（Fukushima University）

位于福岛县福岛市。1949年设立，由日本旧制福岛师范学校、福岛青年师范学校、福岛经济专门学校合并组建，设立初期仅设有学艺学部及经济学部。1979年学艺学部改为教育学部，1987年增设行政社会学部。2004年随日本国立大学法人化改革，福岛大学将各学部重新改组为学类，并增设理工学类。到目前为止，共设有人类发达文化学类（下设教职教育、地域文化创造、学校临床心理3个专业方向）、行政政策学类、经济经营学类、共生系统理工学类4个学类并设人类发达文化学、地域政策科学、经济学、共生系统理工学4个研究科。

3. 关东地区（9所）

（1）筑波大学（University of Tsukuba）

位于茨城县筑波市。1973年设立，其前身为日本明治时期设立的师范学校（1872年设立），先后更名为东京师范学校、高等师范学校、东京高等师范学校。1949年，由东京高等师范学校、东京文理科大学、东京农业教育专门学校、东京体育专门学校合并组建为东京教育大学。1973年，东京教育大学由东京迁移至筑波市，正式更名为筑波大学。2002年筑波大学与日本图书馆情报大学合并。作为日本"新构想大学"的实践，筑波大学采取了与其他国立大学不同的做法，实行本科教育"学群、学类"制。2007年实行了"学群、学类"重组。目前设有人文-文化学群、社会-国际学群、人间（教育-心理）学群、生命-环境学群、理工学群、情报（信息）学群、医学群、体育专门学群、艺术专门学群9大学群，以及人文社会科学、商务科学、数理-物质科学、系统情报（信息）工程、生命环境科学、人间综合科学、教育研究科、图书馆信息-传媒研究科8个研究科。

（2）筑波技术大学（Tsukuba University of Technology）

位于茨城县筑波市。2005年由筑波技术短期大学升格组建，是日本唯一一所招收听觉、视觉受损者学生，并以听觉、视觉受损者的教育及研究为特色的国立大学。目前设有保健科学部（面向视觉受损者）及产业技术学部（面向听觉受损者）2个学部，以及技术科学研究科1个研究科。

（3）茨城大学（Ibaraki University）

位于茨城县水户市。1949年由日本旧制水户高等学校、茨城师范学校、茨城青年师范学校及多贺工业专门学校合并组建。设立初期设文理学部、教育学部、工学部。1957年合并茨城县立农科大学，设为农学部。1967年改组文理学部，分设为人文学部、理学部及教养部（1996年取消）。目前设有人文学部、教育学部、理学部、工学部、农学部5个学部，以及人文科学、教育学、理工学、农学、特殊教育、联合农学6个研究科。

（4）宇都宫大学（Utsunomiya University）

简称"宇大"，位于栃木县宇都宫市，是日本著名的综合国立大学。

1949年由日本旧制栃木师范学校、栃木青年师范学校、宇都宫高等农林学校三所旧制高校合并组建而成。设立初期仅设学艺学部、农学部。1964年合并为宇都宫工业短期大学，设工学部；1966年学艺学部更名教育学部；1994年增设国际学部，下设国际社会、国际文化学科；2016年新设地域设计学部，下设社区设计、城市建筑、社会基础设计等学科。目前设有地域设计科学部、国际学部、教育学部、农学部、工学部5个学部，以及国际学、教育学、工学、农学4个研究科。

（5）群马大学（Gunma University）

位于群马县前桥市。1949年由日本旧制群马师范学校、群马青年师范学校、前桥医学专门学校、桐生工业专门学校合并组建而成。设立初期仅设有学艺学部、工学部、医学部3个学部。1966年学艺学部更名教育学部，1993年增设社会情报（信息）学部。目前共设有教育学部、社会情报学部、医学部、理工学部4个学部，以及教育学、社会情报学、医学、保健学、理工学5个研究科。

（6）埼玉大学（Saitama University）

位于埼玉县埼玉市。1949年由日本旧制浦和高等学校、埼玉师范学校、埼玉青年师范学校合并组建而成。设立初期仅设文理学部及教育学部2个学部。1963年增设工学部，1965年改组文理学部和工学部，设教养学部、经济学部和理工学部，1976年理工学部分为理学部、工学部。目前共设有教养学部（实行通识教育）、教育学部、经济学部、理学部、工学部5个学部，以及人文社会科学、教育学、理工学3个研究科。此外，还与东京学艺大学联合开设了学校教育学研究科。

（7）千叶大学（Chiba University University）

位于千叶县千叶市，是日本著名的国立研究型综合性大学。1949年由日本旧制千叶师范学校、千叶青年师范学校、千叶农业专门学校、千叶医科大学、东京工业专门学校合并设立而成。现设有国际教养学部、文学部、法政经学部、教育学部、理学部、工学部、园艺学部、医学部、药学部、护理学部10个学部，人文社会科学、教育学、理学、工学、融合科学（纳米技术、信息科学）、医药学、护理学、园艺学8个研究科，以及独立的法务专业研究生院。

（8）横滨国立大学（Yokohama National University）

位于神奈川县横滨市。1949年由日本旧制横滨师范学校、横滨经济专门学校、横滨工业经营专门学校、横滨工业专门学校、神奈川县师范学校、神奈川青年师范学校合并组建而成。现设有教育人间科学部、经济学部、经营学部、理工学部4个学部，国际社会科学、工学、环境情报（信息）学、城市科学、教育学5个研究科，以及独立的教职专业研究生院及法科专业研究生院。

（9）综合研究大学院大学（The Graduate University for Advanced Studies）

简称"综研大"，位于神奈川县三浦郡，1988年创建，是日本文部省为建设重点研究科而设立的国立研究生院大学。现设有文化科学研究科、物理科学研究科、高能量加速器科学研究科、复合科学研究科、生命科学研究科、尖端科学研究科，仅招收博士研究生或五年一贯制硕博连读研究生。

4. 东京地区（12所）

（1）东京大学（The University of Tokyo）

简称"东大"，位于东京都文京区，分为本乡、驹场、柏三个主校区，是日本著名的国立研究型综合性大学。东京大学是日本创办的第一所近代大学，其前身为日本明治时期创办的东京开成学校和东京医科学校，1877年，上述两校合并成为东京大学。1886年更名为帝国大学，成为日本建立的第一所帝国大学。1897年，为区分同年在京都创立的京都帝国大学而更名为东京帝国大学。1947年9月正式定名为东京大学。现设有教养学部、文学部、法学部、教育学部、经济学部、理学部、工学部、农学部、医学部、药学部10个学部。其中，教养学部面向本科生开设的前期（大一、大二）教育课程，实施通识教育；后期（大三、大四）分流至其他各专业学部，实施专业教育。在各学部基础上，设综合文化、人文社会、教育学、法学及政治学、经济学、理学、工学、农学，以及生命科学、医学、药学、数理科学、情报（信息）理工学、新领域创成科学、情报（信息）学及跨学科情报（信息）学、公共政策15个研究科。

（2）东京医科齿科大学（Tokyo Medical and Dental University）

位于东京都文京区，是日本最早设立的医学、齿学高等专门教育机构。其前身为东京高等齿科医学校（1928年设立），1944年更名为东京医学齿学专门学校，1951年设立为新制东京医科齿科大学。现设有医学部、齿学部2个学部，以及医学、齿学综合研究科、保健卫生学研究科2个研究科。

（3）东京外国语大学（Tokyo University of Foreign Studies）

位于东京都府中市，是日本顶尖、国际知名的单科外语类国立大学，也是日本目前唯一一所国立外国语大学。东京外国语大学历史悠久，最早可追溯至日本江户幕府于1857年设立的著书调所，明治时期改为开成学校（1869年），1873年更名为东京外国语学校，1897年东京外国语学校与其他学校合并为东京商业学校（后改为高等商业学校）并设为其附属外国语学校。1899年从高等商业学校分离独立，定名为东京外国语学校。1949年设立为新制东京外国语大学。目前设有语言文化学部、国际社会学部2个学部，综合国际学研究科，并在语言专业的基础上开展国际人文、社会和自然科学（以信息科学为主）教育。

（4）东京学艺大学（Tokyo Gakugei University）

位于东京都小金井市，现为日本国立师范类研究型大学。东京学艺大学历史悠久，其前身可追溯至日本明治时期创设的东京府小学教则讲习所（1873年设立），先后更名为东京府小学师范学校、东京府师范学校、东京府寻常师范学校、东京第一师范学校。1949年，东京第一师范学校与东京第二师范学校、东京第三师范学校、东京青年师范学校等校合并，组建为新制东京学艺大学。目前仅设教育学部和教育学研究科。其中，教育学部主要分为以培养幼儿园、小学、初中、高中学校教师的学校教育系和以终生学习、多文化共生教育、信息教育等为主的教育支援系两大学科专业。教育学研究科则分为教育科学、学科教育、教职专业研究科等方向。

（5）东京农工大学（Tokyo University of Agriculture and Technology）

位于东京都府中市。其前身最早可追溯至日本明治时期创建的内务省劝业寮内藤新宿出张所（1874年设立），1886年设为农商务省东京农林学校，1890年并入帝国大学农科大学，1935年独立设为东京高等农林学校，1944年分为东京农林专门学校及东京纤维专门学校，1949年合并设为新制东京农工大学，设立初期设有农学部、纤维学部。1962年纤维学部改称为工学部。目前设有农学部及工学部2个学部及农学、工学2个研究院。此外，还与岐阜大学联合开设了兽医研究科。其中，工学部及工学研究院中的纤维制造专业为其优势和特色专业。

（6）东京艺术大学（Tokyo University of the Arts）

位于东京都台东区。前身为日本明治时期创建的东京美术学校（1887年设立）和东京音乐学校（1887年设立），是日本设立的艺术教育领域最高学府。1949年东京美术学校和东京音乐学校合并成为新制东京艺术大学。现设美术学部和音乐学部等2个学部，以及美术研究科、音乐研究科、影像研究科、国际艺术创造研究科4个研究科。

（7）东京工业大学（Tokyo Institute of Technology）

位于东京都目黑区。前身为1881年设立的以培养工学方面专业人才为目的的东京职工学校，1890年改称为东京工业学校，1901年更名为"东京高等工业学校，1929年升格为东京工业大学。东京工业大学以工程技术与自然科学研究为主，目前共设有理学院、工学院、物质理工学院、生命理工学院、信息理工学院、环境社会理工学院6个学院，以及理工学研究科、综合理工学研究科、生命理工学研究科、情报理工学研究科、社会理工学研究科、创新经营管理研究科6个研究科。

（8）东京海洋大学（Tokyo University of Marine Science and Technology）

位于东京都港区，是日本国立大学中唯一一所以海洋学教育及研究为主的研究型大学。前身为日本明治时期设立的三菱商船学校（1875年设立，后先后更名为东京商船学校、高等商船学校）和日本水产会水产传习所（1888年设立，后更名为农商务省水产讲习所）。1949年分别正式设立为商船大学及东京水产大学。商船大学于1957年更名为东京商船大学。2003年东京商船大学与东京水产大学合并组建为东京海洋大学。现设海洋科学部、海洋工学部、海洋资源环境学部3个学部，以及"海洋科学技术"1个研究科。

（9）御茶水女子大学（Ochanomizu University）

位于东京都文京区。其前身为日本明治时期设立的东京女子师范学校（1875年正式设立），1890年更名为女子高等师范学校，1908年，为区别新设的奈良女子高等师范学校而更名为东京女子高等师范学校。1949年日本设立新制大学时，因其地处东京本乡区汤岛御茶水地区，而改称为御茶水女子大学。现设有教育学部（设有人文、社会、语言、艺术等学科）、理学部（设有物理、化学、生物、信息等学科）、生活科学部（设有食品营养、人类环境等学科）3学部和涵盖比较社会文化学、教育学、理工学、生活工程学等专业方向在内的人间文化创成科学1个研究科。御茶水女子大学专事女性高等教育，日本第一位女性医师、最早的女性博士等近代日本杰出女性均毕业于该校。

（10）电气通信大学（The University of Electro-Communications）

位于东京都调布市。其前身为日本大正时期由社团法人电信协会所设的无线电信讲习所（1918年设立），1942年移交日本通信省，1945年改称中央无线电信讲习所并于1948年移交文部省。1949年更名为新制电气通信大学。目前仅设有情报（信息）理工学部1个学部，以及情报（信息）理工学1个研究科，下设Ⅰ类（信息系）、Ⅱ类（电子信息融合系）、Ⅲ类（理工系）3大学科专业方向。

（11）一桥大学（Hitotsubashi University）

简称"一桥"，位于东京都国立市，是日本国立大学中专门开展人文社会科学领域教育的小规模精英型大学。其前身为森有礼于1875年创办的商法讲习所，1884年改称东京商业学校，随后收归文部省管理。1902年更名为东京高等商业学校，1920年设为东京商科大学。1949年日本设立新制大学时定名为一桥大学。目前仅设有经济学部、法学部、商学部、社会学部4个学部，以及商学、经济学、法学、社会学、语言学、国际企业战略、国际及公共政策7个研究科（院）。其中，商学专业为日本顶尖的商科学府，其他如法学、国际关系、社会学、语言学等人文社科领域实力亦位居日本前列。

（12）政策研究大学院大学（National Graduate Institute for Policy Studies）

简称"政研院"，位于东京都港区，1997年创设，是文部省为重点发展公共政策领域研究而设立的国立研究生院大学。目前仅设政策研究科1个研究科，专门针对公共政策研究领域展开硕、博士层次教育。

5. 中部地区（16所）

（1）新潟大学（Niigata University）

位于新潟县新潟市。1949年由日本旧制新潟高等学校、新潟第一师范学校、新潟第二师范学校、新潟青年师范学校、新潟农林专门学校、新潟医科大学、长冈工业专门学校合并组建而成。现拥有创生学部（开展跨学科教育）、人文学部、教育学部、法学部、经济学部、理学部、医学部、齿学部、工学部、农学部10个学部，现代社会文化、教育学、法学实务、自然科学、医科齿科综合研究、技术经营6个研究科，以及独立的教职专业学位研究生院。

（2）上越教育大学（Joetsu University of Education）

位于新潟县上越市，1978年设立为日本国立教师教育大学。现仅设学校教育学部及研究科，下设学校教育（幼儿教育、教职设计、特殊教育）及学科领域教育（语言、社会、自然、艺术、生活、健康）等学科专业，旨在培养初、中等学校教师，并为初、中等在职教师提供进修教育。

（3）富山大学（University of Toyama）

位于富山县富山市。1949年由日本旧制富山高等学校、共立富山药科学校、新川县师范学校、高冈高等商业学校、高冈工业专门学校等学校合并组建而成。2005年富山大学合并了富山医科药科大学（1975年设立）及高冈短期大学（1983年设立）发展至今。现设有人文学部、人间发达科学部（原教育学部）、经济学部、理学部、工学部、医学部、药学部、艺术文化学部8个学部，以及人文科学、人间发达科学、经济学、理工学教育部、医学药学教育部、生命融合科学教育部、艺术文化学、教职实践开发8个研究科（部）。

（4）金沢大学（Kanazawa University）

位于石川县金沢市。1949年由日本旧制第四高等学校、金沢高等学校、石川师范学校、石川青年师范学校、金沢医科大学、金沢工业专门学校合并组建而成。2008年，金沢大学实行了"学域、学类"制改革，改革后至今设有人文社会学域（下设人文、法律、经济、学校教育、地域创造、国际6个学类）、理工学域（下设数物科学、物质化学、机械工学、电子情报、环境设计、自然系统6个学类）及医药保健学域（下设医学、药学、创药科学、保健学4个学类）等3大学域14个学类。其中，医药学类教育为其优势学科和特色专业。在"学域、学类"基础上，还设有教育学、人间社会环境、自然科学、医药保健学、先进预防医学、儿童发展学等研究科，并设法务、教职实践等专业学位研究科（院）。

（5）福井大学（University of Fukui）

位于福井县福井市。1949年由福井师范学校、福井青年师范学校、福井工业专门学校合并组建而成。设立初期仅设有学艺学部和工学部2个学部。1966年学艺学部更名为教育学部。2003年福井大学与福井医科大学（1978年设立）合并，设医学部。现设有教育学部、医学部、工学部、国际地域学部（2016年新设）4个学部，以及教育学、医学、工学3个研究科。

（6）山梨大学（University of Yamanashi）

位于山梨县甲府市。1949年由日本旧制山梨师范学校、山梨青年师范学校、山梨工业专门学校合并组建而成。设立初期仅设学艺学部及工学部2个学部。1966年学艺学部改组为教育学部。2002年与山梨医科大学（1978年设立）合并，设医学部。2012年增设生命环境学部。现共设有教育学部、医学部、工学部、生命环境学部4个学部，以及教育学、生命医科学、护理学、工学、生命环境学5个研究科。

（7）信州大学（Shinshu University）

位于长野县松本市。1949年由日本旧制松本高等学校、松本医学专门学校、松本医科大学、长野师范学校、长野青年师范学校、长野工业专门学校、长野县立农林专门学校、上田纤维专门学校合并组建而成。现设有人文学部、经法学部、教育学部、医学部、理学部、工学部、农学部、纤维学部8个学部，人文科学、经济和社会政策科学、教育学、综合理工学、综合工程学、医学、农学7个研究科，以及独立的法务专业学位研究科（院）。

（8）岐阜大学（Gifu University）

位于岐阜县岐阜市。1949年由日本旧制岐阜师范学校、岐阜青年师范学校、岐阜农林专门学校合并组建而成。设立初期仅设有学艺学部及农学部2个学部。1952年合并岐阜县立大学（原岐阜工业专门学校），设工学部。1964年合并岐阜县立医科大学，设医学部。1966年学艺学部改称为教育学部，1996年增设地域科学部，2004年农学部改称为应用生物科学部。现共设有地域科学部（地域政策、地域文化学科）、教育学部、工学部、医学部、应用生物科学部5个学部，以及地域科学、教育学部、工学部、医学部、应用生物科学5个研究科。此外，还与他校合作开设了联合农学、兽医学、创药医疗情报（信息）学3个联合研究科。

（9）静冈大学（Shizuoka University）

位于静冈县静冈市。1949年由日本旧制静冈高等学校、静冈第一师范学校、静冈第二师范学校、静冈青年师范学校、浜松工业专门学校合并组建而成。设立初期仅设教育学部和工学部2个学部。1951年与静冈县立农业大学合并，设农学部。1965年增设人文学部，1995年增设情报（信息学部），2012年人文学部改称人文社会科学部。现共设有人文社会科学学部、教育学部、情报学部、理学部、工学部、农学部6个学部，人文社会科学、教育学、综合科学技术3个研究科，以及独立的法务、教育学专业学位研究科。

（10）浜松医科大学（Hamamatsu University School of Medicine）

位于静冈县浜松市，1974年设立。现仅设医学部及医学研究科，下设医学科及护理学科2个学科。此外，还与大阪大学、金泽大学、千叶大学、福井大学合作开设小儿发达研究联合研究科。

（11）名古屋大学（Nagoya University）

简称"名大"，位于爱知县名古屋市，是日本著名的国立研究型综合性大学。其前身为1939年设立的名古屋帝国大学，是日本设立的第七所帝国大学。1947年更名为名古屋大学。1949年名古屋大学与日本旧制第八高等学校、名古屋经济专门学校（原名古屋高等商业学校）、冈崎高等师范学校合并，成立为新制名古屋大学。现设有文学部、法学部、教育学部、经济学部、情报（信息）文化学部、理学部、工学部、农学部、医学部9个学部，文学、法学、教育学、经济学、理学、工学、生命科学及农学、医学8个研究科，以及国际开发、多元数理科学、国际语言文化、环境学、信息科学、创药科学6个独立研究科。

（12）名古屋工业大学（Nagoya Institute of Technology）

位于爱知县名古屋市。其前身为1905年设立的日本旧制官立名古屋高等工业学校，1944年改称为名古屋工业专门学校，1949年与爱知县立工业专门学校（原爱知县立高等工业学校，1943年设立）合并成为名古屋工业大学。

现仅设工学部及工学研究科，下设生命科学及应用化学、物理工学、情报（信息）工学、电气，以及机械工学、创造工学、社会工学等6个专业方向。

（13）爱知教育大学（Aichi University of Education）

位于爱知县刈谷市。其前身最早可追溯至日本明治时期设立的爱知县养成（师范）学校（1873年设立），后先后改称爱知县寻常师范学校、爱知县师范学校、爱知县第一师范学校。1949年爱知第一师范学校、爱知第二师范学校（原爱知县冈崎师范学校）、爱知青年师范学校合并组建为新制爱知学艺大学，1966年更名为爱知教育大学。现仅设教育学部及教育学研究科，下设初等教育教员培养、中等教育教员培养、特别支援学校教员培养、抚育教员培养、现代学艺课程等专业方向，以及独立的教育实践专业学位研究科。

（14）丰桥技术科学大学（Toyohashi University of Technology）

位于爱知县丰桥市，1976年设立。是当时日本开设的"新构想大学"之一，也是日本仅有的两所技术科学大学之一。下设机械、电气及电子信息、信息及智能、环境及生命、建筑及城市系统等专业方向，开展本、硕、博层次的工科类教育。与普通大学不同，该技术科学大学以培养综合性应用型技术人才为目标，其80%以上的学生为日本"高等专门学校"三年级转入的学生。

（15）长冈技术科学大学（Nagaoka University of Technology）

位于新潟县长冈市，1976年设立。是当时日本所设"新构想大学"中的另一所技术科学大学。目前设有机械创造、电气电子信息、物质材料及开发、建设及环境系统、环境社会、工学，生物机能工学、经营情报系统工学等专业方向，开展本、硕、博层次的工科类教育。与丰桥技术科学大学相同，该技术科学大学以实践教育为主，重视工、农业的实验、实务教学及训练，主要接收日本高等专门学校三年级学生，新生则少量招收工业高中或农业高中毕业生。

（16）*北陆先端科学技术大学院大学（Japan Advanced Institute of Science and Technology）

位于石川县能美市，1990年设立，是日本建校最早的只培养研究生的日本国立研究生院大学。该大学以政、产、学的紧密结合为特色，以物质化学、应用物理、生物工程、环境能源、人工智能、网络安全等尖端科学技术的研究开发为主，同时开展硕、博层次的研究生教育。

6. 近畿地区（14所）

（1）京都大学（Kyoto University）

简称"京大"，位于京都市左京区，是日本著名的国立综合性研究型大学。其前身可追溯至日本明治时期于大阪设立的舍密局及大阪洋学校（均于1869年创设）。1870年，舍密局改称为理学所，并与洋学校合并设立为大阪开成所，其后先后更名为大阪专门学校、大阪中学校、大学分校、第三高等中学校。1889年，第三高等中学校由大阪迁移至京都，其后改称为第三高等学校。在此基础上，1897年创设了京都帝国大学，成为继东京帝国大学之后建立的第二所帝国大学。1947年更名为京都大学。1949年京都大学与第三高等学校合并成立为新制京都大学。目前设有综合人间学部、文学部、法学部、教育学部、经济学部、理学部、工学部、医学部、药学部、农学部10个学部，文学、法学、教育学、经济学、理学、工学、医学、药学、农学、人间及环境学、能源科学、亚非地域研究、情报（信息）学、生命科学等14个研究科，以及独立的公共政策、经营管理、法科等专业学位研究生院（部），学术情报传媒中心、放射线生物研究中心、生态学研究中心、野生动物研究中心4个日本全国共同利用设施。京都大学综合实力和排名在日本仅次于东京大学，位居第二，其所崇尚的"自由学风"与东京大学相比形成了鲜明的特色。

（2）京都教育大学（Kyoto University of Education）

位于京都市伏见区。其前身可追溯至日本明治时期创设的京都府师范学校（1876年设立）。合并。1949年，京都师范学校与京都青年师范学校（前身为1926年设立的京都府实业补习学校教员养成所，1944年改称为京都青年师范学校）合并设为新制京都学艺大学。1966年更名为京都教育大学。现仅设教育学部及教育学研究科，下设中小学校各学科课程专业，以及教育学、幼儿教育、特殊教育等理论专业。

（3）京都工艺纤维大学（Kyoto Institute of Technology）

位于京都市左京区。其前身可追溯至日本明治时期设立的京都蚕业讲习所（1899年设立，1914年改称为京都高等蚕业学校）及京都高等工艺学校

（1902年设立）。1944年，京都高等蚕业学校更名为京都纤维专门学校，京都高等工艺学校更名为京都工业专门学校。1949年，上述两校合并成为京都工艺纤维大学，分设工艺学部及纤维学部。2006年，工艺学部与纤维学部合并，成立工艺科学学部及工艺科学研究科，下设生命物质科学、设计工学、设计及建筑3个学科方向。

（4）大阪大学（Osaka University）

简称"阪大"，位于大阪府吹田市，是日本著名的国立综合性研究型大学。其起源可追溯至日本江户时代著名学者——绪方洪庵创设的兰学塾适塾（1838年设立）及汉学塾怀德堂。明治时期先后改为大阪病院（1869年）及大阪府立医科大学（1915年）、大阪医科大学（1919年）。1931年，与盐见理化学研究所（1916年创设）合并设立为大阪帝国大学，成为日本设立的第六所帝国大学。设立初期仅设医学部和理学部，1933年与大阪工业学校（1896年设立）合并，设工学部。1947年改称为大阪大学，并于1949年合并旧制大阪高等学校、浪速高等学校，扩充为新制大阪大学。2007年与大阪外国语大学（1949年成立，其前身为1921年设立的大阪外国语学校）合并，设外国语学部。目前共设有文学部、人文科学部、外国语学部、法学部、经济学部、理学部、医学部、齿学部、药学部、工学部（应用工科）、基础工学部11个学部，文学、人文科学、语言文化、法学、经济学、理学、医学、药学、工学、基础工学10个研究科。此外，设有生命机能、情报（信息）科学、国际公共政策、高等司法等独立研究科。同时，还拥有核物理研究中心、放射能源学研究中心等日本全国共同利用设施及世界顶尖研究据点——免疫学前沿研究中心。

（5）大阪教育大学（Osaka Kyoiku University）

位于大阪府柏原市。其前身可追溯至日本明治时期设立的大阪教员传习所，1875年改称为大阪府师范学校，其后先后更名为大阪府寻常师范学校（1886年）、大阪府师范学校（1898年）、大阪第一师范学校（1943年）。1949年大阪第一师范学校与大阪第二师范学校（1943年设立）合并设为新制大阪学艺大学，1967年更名为大阪教育大学。大阪教育大学现仅设教育学部及教育学研究科，下设初等、中等教育教师培养，以及教育协同（教育心理学、健康教育、艺术、体育教育等）等学科专业。

（6）三重大学（Mie University）

位于三重县津市。1949年由日本旧制三重师范学校、三重青年师范学校、三重农林专门学校合并组建而成。设立初期仅设学艺学部和农学部2个学部。1966年学艺学部改称为教育学部，1969年增设工学部，1972年增设医学部、水产学部，1983年增设人文学部。1987年农学部及水产学部合并为生物资源学部。三重大学目前共设有人文学部、教育学部、医学部、工学部、生物资源学部5个学部，以及人文社会科学、教育学、医学、工学、生物资源学、地域创新科学6个研究科。其中，生物资源学部及研究科历史最为悠久，且规模较大，是涵盖农林、水产自然科学、社会科学和理工学等领域的综合学科。

（7）滋贺大学（Shiga University）

位于滋贺县彦根市。其前身最早可追溯至日本明治时期设立的滋贺县小学校教员传习所（1875年设立），先后改称为滋贺县寻常师范学校、滋贺县师范学校。1949年，滋贺师范学校、滋贺青年师范学校、彦根经济专门学校合并组建为新制滋贺大学。目前设有教育学部、经济学部、数据科学学部（2017年新设，以统计学专业为主）3个学部，以及教育学、经济学2个研究科。其中，经济学部及研究科是涵盖经济学、金融学、企业经营学、会计情报学、情报（信息）管理学、社会系统学、法学等学科在内的社会科学综合型学部，为滋贺大学的特色和优势学部。

（8）滋贺医科大学（Shiga University of Medical Science）

位于滋贺县大津市。1974年设立，是一所规模较小的医学类单科性国立大学。目前仅设医学科（下设基础医学、临床医学）、护理学科2个学科以及医学系研究科。

（9）神户大学（Kobe University）

位于兵库县神户市，是日本著名的研究型国立综合大学。其前身为1902年设立的神户高等商业学校。1929年升格为神户商业大学。1944年改称神户经济大学。1949年，神户经济大学及其预科、神户工业专门学校、旧制姬路高等学校、兵库师范学校、兵库青年师范学校合并设立为新制神户大学。1964年合并神户医科大学，设立医学部。1966年合并兵库农科大学，设立农学部。2003年合并神户商船大学（旧制神户高等商船学校），设立海事科学部。目前共设文学部、国际文化学部、发达科学部（由原教育学部改组而成）、法学部、经济学部、经营学部（商科）、理学部、医学部、工学部、农学部、海事科学部11个学部，以及人文学、国际文化学、人间发达环境学、法学、经济学、经营学、理学、工学、医学、保健学、农学、海事科学、国际合作研究、科学技术创新研究、系统情报（信息）学15个研究科。

（10）兵库教育大学（Hyogo University of Teacher Education）

位于兵库县加东郡。1978年设立，为日本"新构想大学"中的教师教育类国立大学。目前仅设学校教育学部及教育学研究科，下设学校教育（学校教育、教育心理、幼儿教育），以及教科、领域教育（语言、社会、自然、艺术、生活健康、综合学习）等学科专业。

（11）奈良教育大学（Nara University of Education）

位于奈良县。其前身为日本明治时期设立的奈良寻常师范学校（1888年设立，1898年改称为奈良师范学校）。1943年与奈良女子师范学校（1905年设立）合并，1949年与奈良青年师范学校合并，组建为新制奈良学艺大学，1966年更名为奈良教育大学。目前仅设有教育学部及教育学研究科，下设教育发达专业（教育学、心理学、幼儿教育、特殊教育）、教科教育专业（初、中等学校课程科目）和传统文化教育专业（书法教育、文化遗产教育）等专业方向。

（12）奈良女子大学（Nara Women's University）

位于奈良县北鱼屋市。其前身为1908年设立的奈良女子高等师范学校。1949年改制为新制奈良女子大学。现设有文学部（社会学科、国语国文学科、英语英文学科、史学地理学科）、理学部（数学科、物理学科、化学科、生物学科），以及生活环境学部（食物营养、身心健康、生活文化等家政类学科）3个学部和社会文化研究科1个研究科。在日本国立大学中，该大学与御茶水女子大学为仅有的两所国立女子大学，并称为日本女性高等教育的"双璧"。

（13）*奈良先端科学技术大学院大学（Nara Institute ofScience and Technology）

位于奈良县生驹市。1991年设立，为日本国立科学技术类研究生院大学。目前设有情报科学研究科（情报处理、情报系统、情报生命科学）、生物科学研究科（细胞生物学专攻、分子生物学专攻）、物质创成科学研究科（物质创成科学）3个研究科，开展硕、博士层次研究生教育。

（14）和歌山大学（Wakayama University）

位于和歌山县和歌山市。其前身为日本明治时期创建的和歌山师范学校（1875年设立）。1949年，和歌山师范学校、和歌山青年师范学校、和歌山经济专门学校（1922年设立，原和歌山高等商业学校）合并组建为新制和歌山大学。设立初期仅设学艺学部及经济学部2个学部。1966年学艺学部改称为教育学部，1995年增设系统工学部，2008年增设观光（旅游）学部。目前设有教育学部、经济学部、系统工学部、观光旅游学部4个学部，以及教育学、经济学、系统工学、观光（旅游）学4个研究科。

7. 中国、四国地区（10所）

（1）鸟取大学（Tottori University）

位于鸟取县鸟取市。1949年由日本旧制鸟取师范学校、鸟取青年师范学校、鸟取农林专门学校、米子医学专门学校、米子医科大学合并组建而成。设立初期仅设学艺学部、医学部、农学部3个学部。1965年增设工学部，并将学艺学部更名为教育学部。1999年教育学部改组为教育地域科学部，2005年更名为地域学部。目前共设有地域学部、医学部、工学部、农学部4个学部，以及地域学、医学、工学、农学4个研究科。

（2）岛根大学（Shimane University）

位于岛根县松江市，1949年设立。由日本旧制松江高等学校、岛根师范学校、岛根青年师范学校合并组建为新制岛根大学。设立初期仅设文理学部及教育学部2个学部。1965年合并岛根县立农科大学，设农学部。1978年文理学部改组为法文学部及理学部。1995年理学部与农学部重新改组为综合理工学部、生物资源学部。2003年合并岛根医科大学，设医学部。目前岛根大学共设有法文学部、社会科学学部、教育学部、医学部、综合理工学部、生物资源科学部6个学部，以及人文社会科学、教育学、医学、综合理工学、生物资源学、法务5个研究科。此外，还与鸟取大学、山口大学合作开设了联合农学研究科。

（3）冈山大学（Okayama University）

位于冈山县冈山市。1949年由日本旧制第六高等学校、冈山师范学校、冈山、冈山农业专门学校、冈山医科大学合并组建而成。现设文学部、教育学部、法学部、经济学部、理学部、工学部、环境理工学部、医学部、药学部、齿学部10个学部，以及社会文化科学研究科、教育学、法学、自然科学研究科、环境生命科学研究科、医科齿科药学综合研究科、保健学研究科等7个研究科。此外，还与兵库教育大学合作开设了学校教育学联合研究科。

（4）广岛大学（Hiroshima University）

位于广岛县东广岛市，是日本著名的国立研究型综合性大学。1949年由日本旧制广岛文理科大学、广岛高等学校、广岛工业专门学校、广岛高等师范学校、广岛女子高等师范学校、广岛师范学校、广岛青年师范学校、广岛市立工业专门学校合并组建而成。现设综合科学部、文学部、教育学部、法学部、经济学部、理学部、医学部、齿学部、药学部、工学部、生物学部11个学部，以及综合科学研究科、文学研究科、教育学研究科、社会科学研究科、理学研究科、工学研究科、尖端物质科学研究科、医药齿科及保健学研究科、生物圈科学研究科、国际合作研究科研究科、法务研究科（专业学位研究科）等11个研究科。

（5）山口大学（Yamaguchi University）

位于山口县山口市。1949年由日本旧制山口高等学校、山口经济专门学校（原山口高等商业学校）、宇部工业专门学校（原宇部高等工业学校）、山口师范学校、山口青年师范学校、山口县立兽医畜产专门学校合并组建而成。现设人文学部、教育学部、经济学部、理学部、农学部、工学部、医学部、兽医学部、国际综合科学部9个学部，以及人文科学研究科、教育学研究科、经济学研究科、医学研究科、创成科学研究科、理工学研究科、农学研究科、东亚研究科、技术经营研究科等9个研究科。此外，还与其他大学合开设了兽医学、农学2个联合研究科。

（6）德岛大学（Tokushima University）

位于德岛县德岛市。1949年由日本旧制德岛师范学校、德岛青年师范学校、德岛医科大学、德岛医学专门学校、德岛高等学校、德岛工业专门学校合并组建而成。现设有教养教育院（面向本科生实施通识教育）、综合科学部、理工学部、医学部、齿学部、药学部、生物资源产业学部、7个学部，综合科学教育部、医科学教育部、口腔科学教育部、药科学教育部、营养生命科学教育部、保健科学教育部、尖端技术科学教育部7个研究生教育部，以及综合科学研究部、医齿药学研究部、理工学研究部、生物资源产业学研究部4个研究部。

（7）鸣门教育大学（Naruto University of Education）

位于德岛县鸣门市，1981年设立。是日本文部省建设"新构想大学"而设立的教师教育类国立大学之一。现仅设学校教育学部及教育学研究科，下设幼儿教育、小学教育、中学教育、特殊教育4个学科专业。此外，还与兵库教育大学合作开设学校教育学联合研究科。

（8）香川大学（Kagawa University）

位于香川县高松市。1949年由日本旧制香川师范学校、香川青年师范学校、高松高等商业学校合并组建而成。其中，师范学校合并为香川大学学艺学部（后改称教育学部），高等商业学校组建为经济学部。2003年合并香川医科大学（1978年设立），组建为香川大学医学部。目前设有教育学部、法学部、经济学部、医学部、工学部、农学部6个学部，以及教育学、法学、经济学、医学、工学、农学、地域管理7个研究科。此外，还与爱媛大学合作开设了法务联合研究科、农学联合研究科。

（9）爱媛大学（Ehime University）

位于爱媛县松山市。1949年由日本旧制松山高等学校、爱媛师范学校、爱媛青年师范学校、新居浜工业专门学校合并组建而成。其中，松山高等学校设为文理学部、爱媛师范学校、爱媛青年师范学校合并为教育学部、新居浜工业专门学校设为工学部。1968年文理学部改组为文法学部、理学部，1973年增设医学部。现设有法文学部、教育学部、社会共创学部、工学部、理学部、医学部、农学部7个学部，以及法文学、教育学、理工学、医学、农学5个研究科。此外，还与香川大学合作开设了法务联合研究科。

（10）高知大学（Kochi University）

位于爱知县爱知市。1949年由日本旧制高知高等学校、高知师范学校、高知青年师范学校合并组建而成。设立初期，下设文理学部（1977年改组为人文学部和理学部）、教育学部、农学部。2003年与高知医科大学（1977年设立）合并，成立高知大学医学部。2015年新设地域协同学部，2016年农学部改组为农林海洋科学学部。目前共设有人文社会科学学部、教育学部、理工学部、医学部、农林海洋科学学部、地域协同学部6个学部，以及人文社会科学、教育学、理学、医学、护理学、农学6个研究科。

8. 九州、冲绳地区（11所）

（1）九州大学（Kyushu University）

简称"九大"，位于福冈县福冈市，是日本著名的国立研究型综合性大学。前身为1911年设立的"九州帝国大学"，是战前日本设立的第三所帝国大学。当时仅设有九州帝国大学医科大学和九州帝国大学工科大学两个学科。1919年原有两分科大学分别改为九州大学医学部、工学部，同时增设农学部，其后又相继增设了文法学部、理学部。1947年改称九州大学，并将文法学部改组，设立法学部、文学部、经济学部，并增设教育学部。1949年九州大学、九州大学附属医学专门部、福冈高等学校、久留米工业专门学校合并而成新制九州大学，增设教养学部、药学部、齿学部。2003年合并九州艺术工科大学（1968年设立），设为九州大学艺术工学部。九州大学目前设面向本科生进行通识教育的基础教育院及文学部、法学部、教育学部、经济学部、理学部、工学部、农学部、艺术工学部、医学部、齿学部、药学部11个学部，以及人文科学、比较社会文化、语言文化、人间环境、法学、经济学、理学、数理学、综合理工学、艺术工学、系统生命科学、生命资源环境及农学、统合新领域学、医学、齿学、药学16个研究生院。此外，还设有独立的法科、商科、临床心理学、医疗经营及管理4个专业学位研究生院。

（2）九州工业大学（Kyushu Institute of Technology）

位于福冈县北九州市。其前身为1909年设立的私立明治专门学校，1921年移交文部省，成为官立明治专门学校。1949年明治专门学校与明治工业专门学校合并组建为新制九州工业大学。现设有工学部、情报（信息）工学部2个学部，以及工学、情报（信息）工学、生命体工学3个研究科。其中，情报（信息）工学部历史悠久、为其优势和特色学部。

（3）福冈教育大学（University of Teacher Education Fukuoka）

位于福冈县宗像市。1949年由日本旧制福冈第一师范学校、福冈第二师范学校、福冈青年师范学校合并组建为新制福冈学艺大学。1966年更名为福冈教育大学。目前仅设教育学部及教育学研究科，下设初等、中等教育、特殊教育教师培养3个专业方向。此外，还设有独立的教职实践专业学位研究科。

（4）佐贺大学（Saga University）

位于佐贺县佐贺市。1949年由日本旧制佐贺高等学校、佐贺师范学校、佐贺青年师范学校合并组建而成。设立初期仅设文理学部、教育学部2个学部，1955年增设农学部，1966年文理学部改组为理工学部及经济学部。2003年与佐贺医科大学（1976年设立）合并，成立医学部。现设有文化教育学部、教育学部、艺术地域设计学部、经济学部、医学部、理工学部、农学部7个学部，以及教育学、地域设计、经济学、医学、工学、农学5个研究科。此外，还设有独立的学校教育学、教职专业学位研究科，并与鹿儿岛大学合作开设农学联合研究科。

（5）长崎大学（Nagasaki University）

位于长崎县长崎市。1949年由日本旧制长崎高等学校、长崎师范学校、长崎青年师范学校、长崎经济专门学校（原长崎高等商业学校）、旧制长崎医科大学合并组建而成。现设有多文化社会学部、教育学部、经济学部、医学部、齿学部、药学部、工学部、环境科学部、水产学部9个学部，以及教育学研究科、经济学研究科、医齿药学综合研究科、工学研究科、水产环境科学、研究科等8个研究科。

（6）熊本大学（Kumamoto University）

位于熊本县熊本市。1949年由日本旧制第五高等学校、旧制熊本医科大学、熊本师范学校、熊本青年师范学校、熊本高等工业学校合并组建而成。现设有文学部、法学部、教育学部、理学部、工学部、医学部、药学部7个学部，以及社会文化科学、法学、教育学、自然科学、尖端科学、生命科学、医学、保健学、药学9个研究科。

（7）大分大学（Oita University）

位于大分县大分市。1949年由日本旧制大分经济专门学校（原大分高等商业学校）、大分师范学校、大分青年师范学校合并组建而成。设立初期仅设学艺学部、经济学部2个学部。1966年学艺学部改称教育学部，1972年增设工学部。2003年与大分医科大学（1976年设立）合并，设医学部，2016年新设福祉健康科学学部。目前共设有教育学部、经济学部、医学部、工学部、福祉健康科学学部5个学部，以及教育学、经济学、医学、工学、福祉社会科学5个研究科。

（8）宫崎大学（University of Miyazaki）

位于宫崎县宫崎市。1949年由日本旧制宫崎农林专门学校、宫崎师范学校、宫崎青年师范学校、宫崎县工业专门学校合并组建而成。设立初期仅设学艺学部、工学部、农学部3个学部。1966年学艺学部改称教育学部。2003年与宫崎医科大学（1974年设立）合并，设医学部。2016年新设地域资源创成学部。目前共设有教育学部、农学部、工学部、医学部、地域资源创成学部5个学部，以及教育学、医学、护理学、工学、农学综合5个研究科。

（9）鹿儿岛大学（Kagoshima University）

位于鹿儿岛县鹿儿岛市。1949年由日本旧制第七高等学校、鹿儿岛师范学校、鹿儿岛女子师范学校、鹿儿岛青年师范学校、鹿儿岛农林专门学校、鹿儿岛水产专门学校合并组建而成。现设文法学部、教育学部、理学部、工学部、农学部、医学部、齿学部、水产学部、兽医学部9个学部，以及人文社会科学、教育学、司法政策学、理工学、农学、医齿学综合、保健学、临床心理学、水产学9个研究科。此外，还与山口大学合作开设兽医学联合研究科及农学联合研究科。

（10）鹿屋体育大学（National Institute of Fitness and Sports）

位于鹿儿岛县鹿屋市，1981年设立，是日本唯一的一所国立体育大学。下设体育学部及体育学研究科，同时设有本科至博士阶段体育专业教育。

（11）琉球大学（University of the Ryukyus）

位于冲绳县中头郡，1950年设立，是日本冲绳地区唯一一所国立大学。现设文法学部、教育学部、理学部、工学部、农学部、医学部、观光产业科学部7个学部，以及人文社会科学、观光（旅游）科学、教育学、法学、医学、临床心理学、保健学、理工学、农学9个研究科。此外，还与鹿儿岛大学合作开设农学联合研究科。

参考文献

1. 国家教委情报研究室. 今日日本教育改革[M]. 北京：北京工业大学出版社，1988.

2. 王桂. 日本教育史[M]. 长春：吉林教育出版社，1988.

3. 梁忠义. 战后日本教育：日本的经济现代化与教育[M]. 长春：吉林教育出版社，1988.

4. 贾非. 各国大学入学考试制度比较研究[M]. 沈阳：辽宁教育出版社，1990.

5. 关正夫. 日本高等教育的改革动向[M]. 陈武元，译. 厦门：厦门大学出版社，1991.

6. 朱永新，王智新. 当代日本高等教育[M]. 太原：山西教育出版社，1992.

7. 吴世淑. 国外高等学校招生制度[M]. 海口：南海出版公司，1992.

8. 杨学为. 中国考试制度史资料选编[M]. 合肥：黄山书社，1992.

9. 梁忠义. 战后日本教育研究[M]. 南昌：江西教育出版社，1993.

10. 吴廷璆. 日本史[M]. 天津：南开大学出版社，1994.

11. 国家教委考试中心. 美、日、法人才选拔与考试方法[M]. 北京：人民邮电出版社，1994.

12. 邱洪昌，林启泗. 十国高等学校招生制度[M]. 北京：航空工业出版社，1994.

13. 谢青，汤德用. 中国考试制度史[M]. 合肥：黄山书社，1995.

14. 陈学飞. 中国高等教育研究50年（1949—1999）[M]. 北京：北京大学出版社，2000.

15. 梁忠义. 日本教育[M]顾明远，世界教育大系. 长春：吉林教育出版社，2000.

16. 于钦波，杨晓. 中外大学入学考试制度比较与中国高考制度改革[M]. 成都：四川教育出版社，2000.

17. 胡建华. 战后日本大学史[M]. 南京：南京大学出版社，2001.

18. 李文英. 模仿、自立与创新：近代日本学习欧美教育研究[M]. 石家庄：河北教育出版社，2001.

19. 康乃美，蔡炽昌. 中外考试制度比较研究[M]. 武汉：华中师范大学出版社，2002.

20. 贺国庆，王保星，朱文富. 外国高等教育史[M]. 北京：人民教育出版社，2003.

21. 天野郁夫. 高等教育的日本模式[M]. 陈武元，译. 北京：教育科学出版社，2006.

22. 臧佩红. 日本近现代教育史[M]. 北京：世界知识出版社，2010.

23. 李克兴. 日本高等学校的招生制度[J]. 人民教育，1981(9).

24. 吕可红. 日本近年来高等教育招生制度的改革[J]. 外国教育情况，1982(3).

25. 商继宗. 从日本高考的弊病论我国考试制度改革的原则[J]. 上海师大学报（哲社版），1983(5).

26. 杨学为. 考察日本大学入学制度后的思索[J]. 高教战线，1985(4).

27. 李全毅. 日本高考制度的主要弊端[J]. 日本问题研究，1986(4).

28. 李守福. 日本的高考与应试教育[J]. 外国教育动态，1990(1).

29. 桂勤. 教育成功的代价：对日本考试地狱的探析[J]. 比较教育研究，1992(2).

30. 王桂. 日本大学入学考试制度与学历社会：入学考试制度、学历社会对经济发展的影响[J]. 外国教育资料，1993(2).

31. 刘海涛. 中国传统文化与日韩两国高校招生考试制度[J]. 广西大学学报（哲社版），1996(10).

32. 关松林. 日本大学考试制度的历史、现状及未来[J]. 日本问题研究，1997(1).

33. 王义高. 日本的"考试地狱"与"人格完善": 兼谈中国变"应试教育"为"素质教育"的几点考虑[J]. 比较教育研究, 1997(1).

34. 刘海峰. 论坚持统一高考的必要性[J]. 中国考试, 1997(10).

35. 马世晔. 中日大学考试制度的比较研究[J]. 比较教育研究, 2000(3).

36. 张宜年, 史亚杰, 张德伟. 日本大学招生考试制度的多样化[J]. 外国教育研究, 2002(6).

37. 崔成学. 日本的AO入学考试[J]. 外国教育研究, 2003(2).

38. 鲍威. 多样化背后隐含的危机日本大学招生制度改革的实践与教训[J]. 上海教育, 2003(6).

39. 石人炳. 日本少子化及其对教育的影响[J]. 人口学刊, 2005(10).

40. 蓝欣, 王处辉. 日本社会变迁中的高等教育及其入学选拔制度[J]. 高等教育研究, 2006(5).

41. 胡国勇. 竞争选拔与质量维持: 大众化背景下日本大学入学考试的变革与现状[J]. 复旦教育论坛, 2007(1).

42. 赵静. 英美日三国大学入学考试制度研究及对我国的启示[J]. 世界教育信息, 2007(2).

43. 邢艳芳. 日本、韩国和我国台湾地区高等学校招生考试制度改革之比较[J]. 中国考试, 2007(5).

44. 吴计生. 中日高考制度之比较[J]. 世界教育信息, 2007(11).

45. 金志远, 李松林. 日本高校招生制度的改革与发展、借鉴与启示[J]. 世界教育信息, 2008(2).

46. 李昕, 董立平. 日本大学AO入学考试: 引入与实施[J]. 教育与考试, 2008(2).

47. 徐萍. 高等教育大众化对日本大学入学制度的影响及启示[J]. 高等工程教育研究, 2009(1).

48. 孙建三. 日美大学入学考试制度比较研究及启示[J]. 黑龙江高教（高教研究与评估）, 2009(7).

49. 黄建如. 中日韩高校招生制度比较[J]. 中国高教研究, 2009(10).

50. 温芬. 战后日本大学入学考试制度的发展轨迹[J]. 中国电力教育, 2010(18).

51. 张爱. 日本大学多样化入学选拔模式的形成及特征[J]. 清华大学教育研究，2011(1).

52. 李润华. 统一性和多样化并存的日本大学招生考试制度[J]. 比较教育研究，2011(2).

53. 张雪丽. 日本国公立大学自主招生考试制度的形成背景、表现形式及特点[J]. 教育与考试，2011(4).

54. 刘海峰，谷振宇. 小事件引发大改革：高考分省命题的由来与走向[J]. 河北师范大学学报（教育科学版），2012(5).

55. 胡永红. 日本高考形式的多样化改革及其启示[J]. 教育与考试，2013(3).

56. 胡永红. 日本高考达成度考试改革动因分析[J]. 教育与考试，2015(2).

57. 胡永红. 日本高考改革中的高大衔接问题分析[J]. 中国考试，2015(3).

58. 吕光洙. 日本高大衔接改革：高中教育、大学教育、大学入学选拔为一体[J]. 外国教育研究，2015(10).

59. 钟秉林. 深化综合改革，应对高考招生制度改革新挑战[J]. 教育研究，2015(3).

60. 王丽燕. 21世纪以来日本推进高大合作的经验及其启示[J]. 外国中小学教育，2016(3).

61. 秦东兴. 日本学力观的转变与大学入学考试改革关系探析[J]. 外国教育研究，2016(4).

62. 增田幸一. 入学考试制度史研究[M]. 东京：东洋馆出版社，1961.

63. 田畑茂二郎. 大学问题总资料4（入学考试制度及教育研究）[M]. 东京：有信堂，1971.

64. 日本教育心理学会. 思考大学入学考试[M]. 东京：金子书房，1973.

65. 天野郁夫. 考试的社会史[M]. 东京：东京大学出版会，1983.

66. 佐佐木享. 大学入学考试制度的教育学研究[M]. 东京：东京大学出版会，1983.

67. 旧制高等学校资料保存会. 旧制高等学校全书第3卷（资料编）[M]. 东京：旧制高等学校资料保存会刊行部，1985.

68. 战后日本教育史料集成编集委员会. 战后日本教育史料集成（第10

卷）[M]. 东京：三一书房，1985.

69. 日本教育学会入学考试制度研究委员会. 大学入学考试制度的教育学研究[M]. 东京：东京大学出版会，1983.

70. 黑羽亮一. 战后大学政策的展开[M]. 东京：玉川大学出版部，1993.

71. 东京大学百年史编集委员会. 東京大学百年史：通史3[M]. 东京：东京大学出版会，1984.

72. 筑波大学三十年史编集委员会. 筑波大学三十年史[M]. 筑波大学总务·企划部宣传科，2008.

73. 读卖电视报道部. 入学考试改革与新考试：入学考试突破的第一步[M]. 东京：东京协同出版社，1989.

74. 鳍崎浩. 大学入学考试：改革的尝试[M]. 东京：岩波书店，1991.

75. 中井浩一. 大学入学考试的战后史：从应试地狱到全入时代[M]. 东京：中央公论新社，2007.

76. 日本文部科学省. 教育指标的国际比较（平成21年）[J]. 东京：大藏省印刷局，2009.

77. 天野郁夫. 高等教育时代[M]. 东京：中央公论新社，2013.

78. 中央教育审议会. 应对新时代各项教育制度的改革[EB/OL].
http://www.mext.go.jp/b_menu/shingi/old_chukyo/old_chukyo_index/toushin/1309574.htm, 2015-11-11.

79. 中央教育审议会. 展望21世纪我国教育的理想状态的第二次报告[EB/OL]. http://www.mext.go.jp/b_menu/shingi/old_chukyo/old_chukyo_index/toushin/1309492.htm, 2015-11-11.

80. 大学审议会. 关于改善大学入学考试[EB/OL]. http://www.mext.go.jp/b_menu/shingi/old_chukyo/old_chukyo_index/toushin/1985937.htm, 2015-11-11.

81. 文部省. 平成23年度入学者选拔实施状况概要[EB/OL].http://www.mext.go.jp/b_menu/shingi/old_chukyo/old_chukyo_index/toushin/16376262.htm, 2015-11-11.

82. 财团法人大学入学考试中心. 令和3年度大学入学者选拔大学入学共通考试命题教科·科目的方法等[EB/OL]. https://www.dnc.ac.jp/albums/abm.

php?f=abm00038408.pdf, 2020.

83. 中央教育审议会. 大学入学者的选拔及相关事项[EB/OL]. http://www.mext.go.jp/b_menu/shingi/old_chukyo/old_chukyo_index/toushin/1309426.htm, 2015-11-11.

84. 中央教育审议会. 关于大学教育的改善[EB/OL]. http://www.mext.go.jp/b_menu/shingi/old_chukyo/old_chukyo_index/toushin/1309479.htm, 2015-11-11.

85. 中央教育审议会. 今后学校教育综合扩充整顿的基本措施[EB/OL].http://www.mext.go.jp/b_menu/shingi/old_chukyo/old_chukyo_index/toushin/1309492.htm, 2015-11-11.

86. 中央教育审议会. 面向新时代高中与大学衔接的高中教育、大学教育及大学入学者选拔一体化改革（报告）[EB/OL].http://www.mext.go.jp/b_menu/shingi/chukyo/chukyo0/toushin/1354191.htm, 2014-12-22.

87. 中央教育审议会. 学士课程教育的构筑[EB/OL]. http://www.mext.go.jp/b_menu/shingi/old_chukyo/old_chukyo_index/toushin/1302.htm, 2015-11-11.

88. 中央教育审议会. 学士课程教育的构筑[EB/OL].http://www.mext.go.jp/b_menu/shingi/old_chukyo/old_chukyo_index/toushin/1302.htm, 2015-11-11.

89. 关正夫. 战前中等、高等教育的构造及入学者选拔[J]. 大学论集, 1978(6): 147.

90. 新谷恭明. 东京大学预备门成立过程研究[J]. 东京大学史纪要, 1980(10): 9.

91. 寺崎昌男. 入学考试制度的历史背景：以战前日本为中心[A]. 日本教育学会入学考试制度研究委员会. 大学入学考试制度的教育学研究[M]. 东京：东京大学出版会，1983: 27.

92. 黑羽亮一. 对大学入学者选拔中统一考试作用的历史考察[J]. 大学论集, 1985(14): 57.

93. 佐佐木享. 大学入学考试的历史[J]. 大学升学研究, 1987(11): 79.

94. 中村高康. 大学大众化时代的入学者选拔实证研究：选拔方法多样化

的社会学分析[J]. 东京大学大学院教育学研究科纪要，1997(37): 77.

95. 荒井克弘. 战后学习指导纲要的变迁与大学入学考试[J]. 大学入学考试论坛，2001(24): 82.

96. 荒井克弘. 大学升学的大众化与高大衔接[J]. 东北大学大学教育研究中心年报. 2002(9): 1.

97. 夏目达也. 东北大学齿、工学部的AO入学考试[J]. 东北大学高等教育开发推进中心纪要，2006(3): 15.

98. 木村拓也. 共同第1次考试导入经纬：日本型三原则的归结[J]. 东北大学高等教育开发推进中心. 高等学校学习指导要领VS大学入学考试：高校教育规定要因探究，2006(6): 125-156.

99. 木村拓也，仓元直树. 战后大学入学者选拔原理原则的变迁：以《大学入学者选拔实施要目》第1项：选拔方法的变迁为中心[J]. 大学入学考试研究期刊，2006(16): 1.

100. 先崎卓步. 高大接续政策的变迁[J]. 年报公共政策学，2010(3): 66.

101. 木村拓也，仓元直树. 战后大学入学者选拔制度的变迁及东北大学AO入学考试[J]. 大学入学考试期刊，2012(16): 83.

后　记

他山之石，可以攻玉。

以史为鉴，可知未来。

对大学招生考试制度进行研究，探究世界各国大学招生考试制度发展经验、分析其发展历程，为我国大学招生考试制度的改革提供借鉴和参考，是十分重要且必要的。自20世纪以来，日本一直将他们的国立大学招生考试制度视为教育制度的重中之重，且不断推进改革，并最终形成了大学统一考试与自主考试相结合的复合型招生考试制度，从而实现了对人才的科学合理选拔。

本书从考试形式及内容、招生名额分配方式等角度，对日本国立大学招生考试制度的发展历程进行了全面梳理和分析，尝试将其系统地呈现出来，以求实现对日本国立大学招生考试制度的完整认识和理解。但作者学识及水平有限，本书难免存在不足之处，还请广大读者朋友批评指正。

刘云

2022年2月于石家庄